W0191970

Bibliografische Information der Deutschen Nationalbibliothek

Die Deutsche Nationalbibliothek verzeichnet diese Publikation in der Deutschen Nationalbibliografie; detaillierte bibliografische Daten sind im Internet über http://dnb.d-nb.de abrufbar.

Dieses Werk ist urheberrechtlich geschützt. Alle Rechte, auch die der Übersetzung, des Nachdrucks und der Vervielfältigung des Buches, oder Teilen daraus, sind vorbehalten. Kein Teil des Werkes darf ohne schriftliche Genehmigung des Verlages in irgendeiner Form (Fotokopie, Mikrofilm oder ein anderes Verfahren), auch nicht für Zwecke der Unterrichtsgestaltung, reproduziert oder unter Verwendung elektronischer Systeme verarbeitet, vervielfältigt oder verbreitet werden.

© DCI Institute GmbH, Hamburg 2019
Lektorat: Rotkel Textwerkstatt & Markus Seidel
Layout & Satz: Julian Klinner
Umschlaggestaltung: Julian Klinner
Druck & Bindung: CPI books GmbH
Printed in Germany
ISBN: 978-3-9820643-0-7
E-Book-ISBN: 978-3-9820643-1-4

Christian Hoffmeister
Google Unser

Google unser
in der Cloud,
Geheiligt werde Deine Suche,
Dein Crawler komme,
Dein Algorithmus geschehe,
auf dem Laptop wie auch auf dem Handy.

Unsere täglichen Likes gib uns heute.
Und vergib uns unsere Dislikes,
wie auch wir vergeben unseren Hatern.

Und führe uns nicht auf irrelevante Seiten,
sondern erlöse uns vom eigenen Wissen.
Denn Dein ist das Netz und die Allwissenheit und
die Singularität in Ewigkeit.

Amen

INHALT

Einleitung

12

I. GLAUBE, GELD & GOOGLE

II. DIE KIRCHEN DER DIGITALEN NEUZEIT

III. DIE NEUEN DIGITAL BELIEVERS

IV. DIAGNOSE DER DIGITALEN MODERNE

V. DIGITALE AUFKLÄRUNG

EINLEITUNG / Ist es Zufall, dass der angebissene Apfel nicht nur die Vertreibung aus dem Paradies symbolisiert, sondern auch das Symbol eines der wertvollsten Unternehmen der Welt darstellt? Ist es Zufall, dass Google in einer Garage gegründet wurde? Ist es Zufall, dass Facebook genau zehn Unternehmensgrundsätze kommuniziert, ist es nur ein Zufall, dass Facebook den Tag des Eintritts eines Mitarbeiters in die Firma als »Faceversary« bezeichnet und diesen jedes Jahr feiert?

Alles Zufall oder bedienen sich die Unternehmen des Silicon Valley der Strategien religiöser Organisationen, die seit Jahrtausenden das Verhalten von Menschen über Kontinente, Landesgrenzen und sogar Kulturkreise hinweg normieren und beeinflussen?

Unternehmen, die heute Informationen sammeln und verarbeiten, wie Google, Facebook, Amazon oder Apple ähneln den organisierten Glaubensgemeinschaften bedeutender Weltreligionen. Denn auch religiöse Organisationen wie die katholische Kirche sammeln seit jeher Informationen über Gott, die Weltentstehung sowie den Sinn des Daseins und vertreiben diese Informationen aufbereitet als Dienstleistung an ihre Mitglieder. Sie unterbreiten den Gläubigen ein Angebot für eine spezifische Weltanschauung, um ihre Anhänger von der eigenen Interpretation der Komplexität, der Unsicherheit und der Ungerechtigkeit des Diesseits zu entlasten. Die Weltdeutung wird dabei mittels Wissensbeschaffung, -herstellung und -speicherung produziert, verbreitet und zugleich kontrolliert.

Erfüllen Unternehmen wie Google, Amazon, Apple oder Facebook nicht ganz ähnliche Funktionen? Produzieren und konfigurieren diese Unternehmen nicht ebenso eine neue Weltdeutung, verbreiten diese über ihre digitalen Angebote und kontrollieren und überwachen diese mittels ihrer Software-Algorithmen? Es sind vor allem die Unternehmen des Silicon Valley, die neue Konzepte kollektiver Willensbildung und -deutung entwickeln. Sie erzeugen ein neues Welt- und Menschenbild, das vom Ziel der bedingungslosen Anerkennung der digitalen Glaubenslehre geleitet wird.

Dies gelingt den Unternehmen, indem sie Elemente und Strategien einsetzen, die auch bei allen traditionellen Religionen und deren Glaubensgemeinschaften zu finden sind. Ohne dieses Spiel mit den Elementen traditioneller Religionen, die neu interpretiert, integriert und rekonfiguriert werden, könnte die populäre digitale Kultur und könnten die darin agierenden Unternehmen nicht auf diesem hohen wirtschaftlichen Niveau funktionieren. Hierbei kommen den Unternehmen zwei Dinge zugute. Zum einen haben die traditionellen Religionen, besonders in unseren westlichen Gesellschaften, immer stärker an Überzeugungskraft und Akzeptanz verloren, zum anderen scheint der Mensch Religion zu benötigen und ein »Homo religiosus« zu sein.

GLAUBE, GELD & GOOGLE

*Von der Entstehung der
digitalen Religion*

———————

HOMO RELIGIOSUS – DER MENSCH, DAS RELIGIÖSE WESEN

Glauben Sie an einen Gott oder an eine höhere, nicht näher beschreibbare Macht, die Sie zwar nicht wahrnehmen können, die aber existiert und sich auf Ihr Handeln und Ihr Leben auswirkt? Versuchen Sie, mit Gott oder einer anderen spirituellen Macht in Kontakt zu treten, damit sich bestimmte Situationen in Ihrem Leben positiv verändern? Glauben Sie, dass es ein Leben im Jenseits gibt, in dem die Seele weiterexistiert, und dass Sie auf Erden nur Ihre materielle Hülle zurücklassen? Und glauben Sie, dass Ihre Taten auf Erden Auswirkungen auf diese jenseitige Welt haben?

Selbst wenn Sie das alles nicht tun, so scheint dennoch Glauben untrennbar mit dem Homo sapiens verbunden zu sein. Der Mensch ist von Natur aus ein religiöses, ein gläubiges Wesen.[1] Er ist nicht nur Homo sapiens, sondern auch ein Homo religiosus. Glauben ist ein geistiges Vermögen des Menschen.

Kein Wunder also, dass sich Glaubenssysteme in allen menschlichen Gesellschaften finden lassen, ganz gleich ob archaisch, antik, modern oder postmodern. Religiöses Leben durchdringt jeden – nur machen manche daraus ein gutes Geschäftsmodell.

COPING – GOTT MACHT DAS SCHON / Was aber ist Glaube, und was ist Religion? Glaube kann interpretiert werden als die Bereitschaft, eine überindividuelle Bezugsgröße in einer transzendenten Wirklichkeit zu verehren. Obwohl der Mensch diese Bezugsgröße nicht wahrnehmen

---

1 Schüle (04.12.2012).

und ihre Existenz nicht beweisen kann, glaubt er, dass sie existiert und sie auf den Menschen im Diesseits einwirkt. Dieses virtuelle Etwas wird in den meisten Religionen als der eine Gott oder als ein System von Gottheiten bezeichnet.

Ein transzendenter Gott wirkt dabei als eine Art ordnende Hand, die dem, was der Mensch im Hier und Jetzt nicht versteht, einen Sinn im Jenseits gibt. Alles, was der Mensch tut, und alles, was mit ihm geschieht, hat einen höheren Zweck und wird in der anderen Welt sinnvoll aufgelöst. Der Mensch kann das unter Umständen zwar nicht begreifen, muss es aber auch nicht, denn Gott tut dies für ihn. Gott strukturiert die Welt sinnvoll und zielorientiert.

Religion hilft daher bei der Bewältigung von schwer zu ertragenden und zu akzeptierenden Lebensereignissen wie zum Beispiel Tod, Krankheit, Ungerechtigkeit oder Naturkatastrophen.[2] Eine solche Bewältigungsstrategie wird in der Psychologie als »Coping« bezeichnet: Der Mensch wird durch den Glauben an die Existenz eines Gottes kognitiv und emotional entlastet. Dies gilt besonders für die Sinnfragen des Lebens. Die Fähigkeit, überhaupt Sinnfragen stellen zu können, liegt in dem im Laufe der Evolution immer stärker ausgeprägten präfrontalen Kortex des Menschen begründet. Der Mensch kann sich selbst reflektieren und ist deshalb auch in der Lage, Sinnfragen zu formulieren, auf die eine Religion Antworten liefert und so den Menschen wieder entlastet.

Dabei wird nicht nur die Bewältigung von schlimmen oder nicht erklärbaren Ereignissen durch Religion erleichtert, auch die Akzeptanz eines als stark vom ge-

2 Ebd.

wünschten Selbstbild abweichend wahrgenommenen Selbstbildes wird nach Ansicht des amerikanischen Evolutionspsychologen Lee Kirkpatrick durch sie ermöglicht.[3] Der Glaube an eine höhere Macht hilft, die erlebte Spannung zwischen beiden Selbstbildern zu reduzieren. Er versöhnt den Menschen mit sich selbst und mit der Gesellschaft, denn vor Gott sind alle gleich. Gott wird den Menschen die Chance auf ein glückliches und erfülltes Leben geben – wenn nicht hier, dann im Himmel oder im Nirwana. Diejenigen, die bereits auf Erden Glück, Schönheit und Wohlstand erreicht haben, sind von Gott auserwählte Menschen oder haben in einem früheren Leben Karma-Punkte gesammelt und werden dafür im Diesseits belohnt. Haben sich diese Menschen die Segnungen jedoch zu Unrecht verschafft, wird Gott sie im Jenseits oder im nächsten Leben richten.

Und das eigene Leid auf Erden? Es ist als eine Prüfung zu sehen, die, wenn man sie positiv annimmt und übersteht, das ewige Leben im Paradies ermöglicht. Der Glaube an eine überirdische Macht erklärt sowohl, warum es Ungerechtigkeiten und Ungleichverteilungen von Glück und Unglück in der Welt gibt, aber auch, dass etwas existiert, das diese Ungleichverteilung ausgleicht und eine übergeordnete Gerechtigkeit schafft.

GÖTTLICHE OIKONOMIA – DIE OFFENBARUNG GOTTES IN DEN WUNDERN DER WELT / Damit der Einzelne glauben kann und eine kognitive Entlastung erfährt, muss Gott sich zeigen. Und er zeigt sich sowohl in Wundern als auch in Katastrophen, die Menschen beobachten und erleben, nicht aber verstehen. In einem Erdbeben oder

3 Ebd.

einer Überschwemmung sehen sie eine Warnung oder Bestrafung durch Gott, in der Wandlung von Wasser zu Wein oder der Zerstörung der Mauern von Jericho durch Posaunen des erwählten Volkes Wunder, die der unsichtbare Gott vollbringt.

Die göttliche Macht zeigt sich daneben an auserwählten Menschen auf Erden, die durch Gott Wunder vollbringen und seine Botschaft zu den Menschen tragen. So führte zum Beispiel Moses mit Gottes Hilfe die Israeliten aus Ägypten, David besiegte Goliath und belegte mit diesem Sieg die Existenz Gottes. Solche Geschehnisse beweisen für den Gläubigen die unmittelbare Einwirkung einer göttlichen Macht auf das Leben der Menschen.

Interessant ist dabei in unserem Zusammenhang die etymologische Verbindung zwischen den biblischen Erzählungen über Wunder mit dem Begriff der Ökonomie. In der Bibel[4] wird mit dem Begriff »Oikonomia« die Offenbarung des Plans Gottes mit den Menschen und der Welt bezeichnet. Dieser Plan werde durch Gottes Wirken in Wundern und bedeutenden Ereignissen im Diesseits sichtbar. Gott zeigt sich demzufolge durch die »Oikonomia« (deutsch: »Ökonomie«, englisch: »Economy«) und demonstriert seine Macht, in das Leben der Menschen gestaltend eingreifen zu können.[5]

WER'S GLAUBT, WIRD ~~SELIG~~ ERFOLGREICH – RELIGION ALS VORAUSSETZUNG VON GLOBALISIERUNG / »Ich bin der Herr, dein Gott, der ich dich aus Ägyptenland, aus der

---

4 Unter anderem bei Paulus im griechischen Text des Epheserbriefes (Eph. 1,9 f.; Eph. 3,2–9).

5 Mondzain (1996), S. 31 f.

Knechtschaft, geführt habe. Du sollst keine anderen Götter haben neben mir«, so heißt es im zweiten Buch Mose.[6]

Wunder, durch die sich das göttliche Wirken offenbart, und Gebote, die von Propheten empfangen und durch diese verbreitet werden, sind in der Bibel stark miteinander verwoben. So erlebten Moses und das Volk der Israeliten zuerst die Teilung des Roten Meeres, die ihnen die Flucht aus Ägypten ermöglichte, danach erhielt Moses auf dem Berg Sinai die Zehn Gebote von Gott.

Aus dem Wirken Gottes abgeleitete Gebote und Verbote gibt es in allen Religionen und Glaubenssystemen. In allen Religionen, im Juden- oder im Christentum, im Islam oder im Buddhismus zum Beispiel, gibt es zahlreiche Gebote, die das Leben des Menschen in seiner Beziehung zu Gott und auch in seiner Beziehung zu anderen Menschen regeln.

Wer sich an die jeweiligen Gebote und Verbote seiner Religion hält, wird belohnt, wer sie missachtet, wird bestraft. Dabei gibt es keinen direkten, vom Gläubigen überprüfbaren Zusammenhang zwischen Handeln und Konsequenz, aber die transzendente Macht wird ihre Wirkung früher oder später, im Diesseits oder im Jenseits, entfalten.

Über Gebote und Verbote erschafft Religion einen einheitlichen Normenraum. Ein gemeinsames Wertesystem entsteht, das eine kollektivierende Funktion auf die Gläubigen ausübt und den Einzelnen der Notwendigkeit, eigene, individuelle Regeln aufzustellen, enthebt.

Ein solches kollektives Regelsystem schafft auch Sicherheit im Umgang mit anderen, die sich an dieselben

6 2. Mose 2 f.

Regeln halten werden, sofern sie demselben Glauben angehören. Religion wirkt somit gemeinschaftsbildend und unsicherheitsreduzierend weit über die eigenen familiären, verwandtschaftlichen und lokalen persönlichen Beziehungsstrukturen hinaus. So schafft sie die Voraussetzungen dafür, dass Menschen über Sprach-, Gruppen- und Landesgrenzen hinweg stabile und verlässliche Beziehungen aufbauen und aufrechterhalten können. Durch die gemeinsamen Normen wird das Vertrauen in die Handlungen und Absichten des anderen erhöht. Wenn jemand weiß, dass sein Gegenüber dieselben Werte teilt und dieselben Gebote und Verbote beachtet wie er selbst, reduziert dies Unsicherheiten in der Interaktion. Die Beziehungsaufnahme und -aufrechterhaltung wird auch über große Distanzen vereinfacht.

Zeitgleiche Rituale wie etwa Beten, Feiern von Festen und das Tragen und Verehren gemeinsamer heiliger Symbole ermöglichen es, den anderen als derselben Religion zugehörig zu identifizieren. Die Aufnahme sozialer Beziehungen wird erleichtert. Schließlich gibt es eine gemeinsame überirdische Macht, die alles sieht und die Menschen im Falle der Missachtung religiöser Regeln hier oder im Jenseits richten wird.

Gerade in großen und abstrakten Gesellschaften hilft ein religiöses System also dabei, Beziehungen aufzubauen und abzusichern.

Den Zusammenhang zwischen der Größe und Anonymität einer Gesellschaft und dem Glauben an einen allwissenden Gott, der Sicherheit und Vertrauen in die Interaktion zwischen Gruppenmitgliedern bringt, haben die amerikanischen Anthropologen Frank Marlowe und

Colette Berbesque von der Florida State University in Tallahassee 2008 untersucht.[7]

Sie stellten fest, dass in Gesellschaften verwandter und lokal interagierender Gruppen der Glaube einen stärkeren Bezug zu Ahnen und Vorfahren aufweist. Verstorbene werden zu Göttern, und die spirituellen Kräfte, die verehrt werden, sind nicht allwissend und unfehlbar. Je größer hingegen Gesellschaften und je verzweigter die Interaktionen zwischen ihren Mitgliedern werden, desto eher gibt es eine Tendenz zu abstrakten, nicht greifbaren Göttern ohne persönlichen oder verwandtschaftlichen Bezug zu den einzelnen Menschen. Die Anthropologen wiesen nach, dass allsehende, allwissende und unfehlbare Götter erst in Kulturen hervortraten, in denen häufig mit Unbekannten interagiert und kooperiert werden musste. In diesen Gemeinschaften entwickelten sich dann auch die ersten monotheistischen Glaubenssysteme.

Religion ist also ein wichtiges soziales System in abstrakten, anonymen Gesellschaften, in denen Beziehungen aufgebaut, miteinander interagiert und kooperiert werden muss. Sie hilft, stabile und verlässliche Beziehungen aufzunehmen und diese am Leben zu erhalten.

7 Blume (2009), S. 34 f.

DEUS IN MACHINA — DIE MENSCHEN-GEMACHTE MASCHINE, DIE DAS DENKEN KONTROLLIERT

Während der Glaube biologisch im Menschen verankert ist, wurden das System »Religion« und die darauf aufbauenden Organisationen wie zum Beispiel Kirchen durch die Menschen selbst geschaffen. Allerdings erkennen sie nun ihre eigenen Kreationen nicht mehr. Um es mit Karl Marx zu formulieren: »Der Mensch wird vom Machwerk seines eigenen Kopfes beherrscht.«[8] Die Menschen erschaffen also ihre eigene Religion und vergessen, dass es eine soziale Konstruktion ist.

Im sozialen Entstehungsprozess von Religion wird Heiligkeit kreiert, die irgendwann als etwas nicht mehr Menschliches angesehen wird und weit über das den Menschen zugängliche Verstehen hinausreicht. So teilt Religion die Welt in zwei Bereiche: in den profanen (weltlichen) und in den sakralen (heiligen) Bereich, wobei das Heilige vor allem aus drei Elementen geschaffen wird: Mythen, Ritualen und Symbolen.

ADAM, APFEL, ARMAGEDDON — MYTHEN UND GLAUBEN / Mythen sind Erzählungen, die die Welt gleichzeitig erklären und verklären, und sie sind Geschichten, in denen sich philosophische und spirituelle Fragen spiegeln, wie die Frage nach der Entstehung der Welt, der Entstehung des Menschen, aber auch die Fragen, warum man sterben muss oder warum es Leid oder Ungerechtigkeiten gibt. Diese Fragen werden mit Bezug auf etwas Transzen-

---

8 Kautzsky (1929), S. 101.

dentes beantwortet. Der Mythos greift auf übernatürliche und magische Erklärungen zurück.

Religionen und Kulturen bringen über mythische Erzählungen ihr Welt- und Selbstverständnis zum Ausdruck, und in allen Religionen sind zahlreiche Mythen zu finden. Jede Religion besteht gleichsam aus einem ganzen System aus Mythen.

Die einzelnen Mythen wiederum kann man bestimmten Funktionsbereichen zuteilen. So gibt es diejenigen, die von der Entstehung und Verwandlung von Menschen zu Göttern berichten oder wie Gott bestimmte Menschen zu sich berufen oder auserwählt hat.

So berichtet der David-Mythos vom Sieg des David über Goliath und stellt eine der wichtigsten Erzählungen der israelitischen Geschichte dar: Ein Hirtenjunge besiegt einen übermächtigen Gegner und wird schließlich zum König von Juda. Darin zeigt sich sein Auserwähltsein durch Gott. Auch die Geschichte Jesu ist eine mythologische Erzählung, die man heute vielleicht als »Underdog-Story« bezeichnen würde. Jesus wurde in armen Verhältnissen in einem Stall geboren, arbeitete bescheiden als Zimmermann, um schließlich als Messias, der von Gott zur Erlösung aller Menschen gesandt wurde, erkannt zu werden.

Andere Erzählformen stellen kosmologische Mythen dar, die von der Entstehung der Welt und des Universums berichten. In der christlichen Religion ist es die Erzählung von der Erschaffung der Welt in sechs Tagen und vom Ruhetag, als Gott erkannte, dass die Welt, die er geschaffen hatte, gut war. Die Schaffung des Menschen aus Erde und die Formung der Frau aus der Rippe Adams sind Mythen, die erklären, wie der Mensch entstanden ist. So, wie es einen Anfang gibt, kennen auch alle Religionen Mythen über das Ende der Welt. Diese werden in Form von Prophezeiungen zu den Gläubigen gebracht. Der Tag des Jüngsten Gerichts ist eine dieser Erzählungen im christlichen Glauben, so wie auch die Erzählung über die Apokalypse, also eine Katastrophe, die bevorsteht und die Welt, wie man sie kennt, vernichten wird.

Die Glaubensgemeinschaften, in denen solche Mythen anerkannt werden, werden unter anderem durch ein System aus Riten geformt.

HEUTE IST RUHETAG – DIE RITUALE UND DIE SCHAFFUNG VON GEMEINSCHAFT / Religiöses Leben ist ritualisiertes Leben. Ritualisierung spielt bei der Schaffung von Kollektivität eine bedeutende Rolle. Rituale schaffen einen gemeinsamen Bedeutungsraum und bilden Verhaltensmuster aus, die wiederum auf die Gefühle der Menschen einwirken. Sie spielen in allen Religionen eine entscheidende Rolle, um das Verhalten der Gläubigen auf allen Ebenen und in allen Lebenssituationen zu normieren. Durch sie wird eine Gemeinschaft gebildet, die auch außerhalb der gemeinsamen Orte wie etwa Kirchen existiert und im Handeln, Denken und Fühlen jedes Gläubigen ihren Ausdruck findet. Rituale ermöglichen es, dass die Gläubigen koordiniert und dennoch autonom agieren und sich dabei als Kollektiv fühlen.

Der Ramadan im Islam, Weihnachten oder Ostern in der christlichen Religion, das Opferfest oder Jom Kippur (Versöhnungsfest) im jüdischen Glauben sind ebenso wichtige und zentrale Rituale wie der Gottesdienst am Sonntag, das Freitagsgebet oder der Besuch der Synagoge am Vorabend des Sabbats. Aber Ritualisierung hört damit nicht auf: Rituale, die für die Schaffung und Stabilisierung eines Glaubens hohe Bedeutung haben, sind die sogenannten Übergangs- oder Initiationsriten. Diese symbolisieren, dass eine Person Mitglied einer religiösen Gemeinschaft wird und dieselben Werte und Normen sowie dieselbe Gottheit akzeptiert wie alle anderen Mitglieder. So sind die Taufe, die Kommunion oder die Konfirmation, die Eheschließung und am Ende des Lebens die Beerdigung Übergangsrituale, die besondere Momente im religiösen Leben eines Christen darstellen. Sie zeigen, dass man sich der Gemeinschaft unterordnet, deren Regeln und Gebräuche akzeptiert und daher dazugehört.

Auch auf die Ebene des einzelnen Gläubigen heruntergebrochen lassen sich zahlreiche Riten finden, die dieser regelmäßig durchführen soll. Solche Riten können als Vorgaben definiert werden, wie der Tag strukturiert werden muss, und stellen »Abläufe« für ein tugendhaftes religiöses Leben dar.

So wirken zum Beispiel vorgegebene Gebetszeiten auf das individuelle und alltägliche Verhalten der Gläubigen ein. Die Gebete kann jeder Gläubige selbst durchführen. Er zeigt so, dass er ein religiöses Leben führt und zu einer bestimmten religiösen Gemeinschaft gehört.

Daneben gibt es Riten, die sich auf heilige Orte, Personen oder Objekte beziehen. Dazu gehören einerseits sogenannte Vermeidungsriten. So sollen zum Beispiel heilige Gegenstände nicht berührt werden, und an heiligen Tagen darf nicht gearbeitet werden. Andererseits wird die Akzeptanz von heiligen Objekten durch sogenannte Darbietungsriten bekräftigt, zu denen das Bekreuzigen oder Verbeugen beim Eintritt in eine Kirche gehört.

Durch solche Ritualisierungen erkennt der Gläubige eine höhere Ordnung und deren Heiligkeit an, umgekehrt wird man auch durch starke Ritualisierung zu einem Gläubigen und dann zu einem Teil der Gemeinschaft.

Das System aus Riten schafft eine starke Kollektivität, ohne dass es immer zu einer direkten Interaktion zwischen den Gläubigen kommen muss. Durch die Strukturierung des Jahres, der Wochen und des Alltags erfolgt eine dauerhafte Verhaltensnormierung, die stark auf das Denken und Fühlen des einzelnen Gläubigen einwirkt, Zusammengehörigkeitsgefühl und Kollektivität entstehen.

MEHR, ALS MAN SIEHT – SYMBOLE IN RELIGIONEN / Rituelle Handlungen beziehen sich häufig auf bestimmte Objekte, auf heilige Gegenstände. So verwenden einige Katholiken beim Beten einen Rosenkranz oder richten ihren Körper in Richtung eines Kreuzes aus, Muslime benutzen einen Gebetsteppich, der während des Gebets gen Mekka gerichtet wird. Durch die Verbindung von Ritualen mit Objekten oder Orten werden diese mit der Zeit zu heiligen Symbolen erhoben.

Symbole sind dabei definiert als Zeichen oder Gegenstände, die über sich selbst hinausweisen und für etwas anderes, mit den Sinnen nicht direkt Wahrnehmbares stehen. Die Rose oder das Herz symbolisieren die Liebe, das Zeichen für Yin und Yang symbolisiert die Vereinigung der weiblichen und männlichen Energie, und ein Kreis mit drei Strichen darin steht für Frieden.

Symbole haben immer eine höhere Bedeutung und werden durch die Betrachter metaphorisch interpretiert. Die Symbole lösen dann bestimmte Gefühle aus wie etwa Verehrung, Ehrfurcht oder Zugehörigkeit. In jeder Religion spielen Symbole und die Projektion der Gefühle der Gläubigen auf diese Symbole eine bedeutende Rolle. Ohne eine ausgeprägte Symbolik kann keine Religion funktionieren, weil sie dem Gläubigen helfen, abstrakte

Begriffe, Ideen und auch irrationale Gefühle auf etwas Konkretes zu projizieren. Die religiösen Symbole stellen also die Beziehung zwischen Gott und Mensch in einer visuellen Form dar.

So ist im christlichen Glauben die Taube das Symbol für den Heiligen Geist, das Brot steht für den Leib Jesu, und das Kreuz, Kernsymbol des Christentums, symbolisiert die Erlösung von den Sünden und Leiden sowie die Hoffnung auf die Auferstehung und das ewige Leben. Im buddhistischen Glaubenssystem steht die Lotusblüte für die Reinheit des Geistes und die vier Blütenblättern symbolisieren die vier Himmelsrichtungen der Welt. Im jüdischen Glauben ist die Menora (ein siebenarmiger Leuchter) eines der wichtigsten religiösen Symbole und stellt die Erleuchtung der Menschen durch Gott dar. Im Islam repräsentiert die Sichel des Neumondes die Religion in ihrer Gesamtheit, da der Mond eine wichtige Rolle bei der Strukturierung der Rituale übernimmt. Unter anderem zeigt er den Beginn und das Ende der Fastenzeit Ramadan an, und sein Verlauf bestimmt den Anfang und das Ende des Pilgermonats Hadsch.

Werden Symbole durch die Betrachter metaphorisch interpretiert, müssen sie emotional aufgeladen sein. Dann wiederum lösen die Symbole bestimmte Gefühle wie Verehrung Ehrfurcht und Zugehörigkeit aus, die nicht mehr rational erklärbar sind.

DIE VORDIGITALEN DISPLAYS – RELIGION ALS KULTSYSTEM / Gemeinsam schotten die drei Systeme aus mythologischen Erzählungen, Ritualen und Symbolen die religiöse Gemeinschaft von der Außenwelt ab. Man ist entweder »drinnen« oder »draußen«. Es entsteht ein in sich geschlossenes »Kultsystem«. Ein Kult steht für die

Gesamtheit von Ritualen, Mythen und Symbolen und für die Ausführung sowie die Akzeptanz jedes dieser Elemente durch die Mitglieder der Kultgemeinschaft. Ein Kult basiert dabei immer auf einer Ideologie, also einer bestimmten Weltsicht und -deutung. Wer zu diesem System gehören will, muss aktiv eintreten oder wird hineingeboren und nimmt an diesem System aktiv teil. Damit akzeptiert er die Normen und Werte, wodurch wiederum Vertrauen in das wechselseitige, berechenbare und vorhersehbare Handeln aufgebaut wird.

Der Psychologie-Professor und Co-Direktor des Zentrums für Human Evolution, Cognition and Culture der Universität von British Columbia, Ara Norenzayan, begründet den evolutionären Vorteil zur Bildung großer und weit ausgedehnter sozialer Kultsysteme damit, dass diese komplexen Systeme mit hohen Eintrittsbarrieren und aufwendigen Ritualen soziale Interaktionen »fälschungssicherer« gestalten. Er bezeichnet daher Kultsysteme als »Credibility-Enhancing Displays« (abgekürzt: CREDS), als glaubwürdigkeitserweiternde Darstellungsformen.[9]

Religiös sind diese Systeme dann, wenn sich die Ideologie und die Zielsetzungen des Denkens und Handelns auf eine jenseitige Welt oder Macht richten, die der Mensch mit seiner Physis nicht erfahren und begreifen kann.

9 Norenzayan (2015).

VOM JENSEITIGEN PARADIES ZU HIMMEL UND HÖLLE AUF ERDEN – DAS PARADOX DER RELIGIÖSEN LEBENSFÜHRUNG

Durch religiöse Systeme kommt es zu einem paradoxen Effekt: Erst die Religion schafft die Voraussetzungen für die moderne Ökonomie.

Religion »rationalisiert« das Leben der Gläubigen, indem sie die Handlungen des Menschen in ein indirektes »Ursache-Wirkungs-System« überführt. Das Handeln der Gläubigen wird zwar auf das Jenseits ausgerichtet, aber gerade dadurch wird das Leben im Diesseits stark reguliert und berechenbaren und vorhersagbaren Abläufen unterzogen. In Religionen sind diese Ursache-Wirkungs-Systeme in Form von Geboten und Verboten beschrieben: »Wenn Du sündigst, kommst Du in die Hölle«, »Wenn Du Buße tust, dann wird Dir vergeben«.

Für die Gläubigen hat diese Strukturierung des Lebens den Vorteil, dass sie kognitiv entlastet werden, weil sie sich selbst keine Gedanken darüber machen müssen, wie sie sich in welchen Situationen zu verhalten haben. Der gläubige Mensch muss keine eigenen Verhaltensregeln aufstellen, sondern kann sich an die durch Gott vorgegebenen und durch die Gemeinschaft legitimierten Gebote halten. So erfährt das Leben der Gläubigen Sicherheit, Verlässlichkeit und Sinnhaftigkeit.

DAS BESTE GESCHÄFT ALLER ZEITEN – RELIGION IST TAUSCHHANDEL, WIRTSCHAFT AUCH / Papst Benedikt XVI. wies darauf hin, dass das Christentum ein Tausch zwischen Gott und den Menschen darstelle, bei dem beide –

also Gott und Gläubiger – jeweils Gebende und Nehmende, Schenkende und Empfangende seien.[10]

Religion ist also ein Tauschgeschäft – auf diese einfache Formel können alle großen Weltreligionen reduziert werden. Der Gläubige tauscht sein konformes Verhalten im Diesseits gegen die Erlösung durch Gott im Jenseits.

Religion hat damit eines der besten und stabilsten Tauschgeschäfte aller Zeiten etabliert, denn der religiöse Tausch bezieht sich stets auf eine jenseitige Sphäre. Da der Mensch selbst diese Sphäre in seiner menschlichen Hülle nicht betreten kann, muss er glauben, dass sein Verhalten im Diesseits im Jenseits belohnt oder bestraft werden wird. Erlösung ja, aber nicht jetzt, nicht hier, nicht heute.

Sofern der Mensch glaubt, dass sein Handeln zwar eine Konsequenz haben wird, er diese Konsequenz aber nicht direkt überprüfen kann, entsteht eine große Unsicherheit in Bezug auf sein eigenes Verhalten.

Religionsgemeinschaften geben dem Einzelnen daher zwar in Form von Geboten und Verboten Richtlinien an die Hand, die ihm helfen, sein Leben zu strukturieren – hält er sich an diese, bleibt er auf dem richtigen Pfad, und die Erlösung ist möglich –, aber am besten trägt dieses Konzept, wenn ein gewisses Maß an Unsicherheit bestehen bleibt und das eigene Streben nach Erlösung im Diesseits nie ganz befriedigt werden kann.

Anders war es bislang in der Wirtschaft: Sie beruht zwar ebenfalls auf Tauschgeschäften, bei denen aber bislang in der Regel überprüfbare Leistungen ausgetauscht wurden. Das Standardtauschgeschäft war »Ware gegen Erlös«, und Erlös war Geld.

---

10 o. V. (29.05.2011).

**ERLÖSUNG AM FLIESSBAND – RELIGION UND DAS STRE-
BEN NACH EFFIZIENZ** / Religiöses Leben ist immer auch
ein regelbasiertes Leben. Feste Abläufe werden mit Zielen
verbunden, die durch die Regelbefolgung erreicht werden
sollen. Dies führt schließlich dazu, dass Menschen zweck-
gerichtet denken und handeln, um Erlösung im Jenseits
zu erreichen. Damit verhalten sich die Gläubigen rational.

Indem Religion die Rationalisierung der Menschen
fördert, leistet sie dem modernen Wirtschaftssystem
Vorschub. Anders ausgedrückt: ohne Religion keine moderne Wirtschaft mit dem Fokus auf stete Verbesserung
und Effizienzsteigerung. Das Rationalisierungs- und Ef-
fizienzparadigma der modernen Wirtschaftssysteme ist
religiös legitimiert, da es ein göttliches Gebot darstellt.
Kontrolle und Effizienz sind gut, weil sie einen auf den
rechten Weg führen – zur Erlösung im Glauben und zum
Erlös in der Wirtschaft.

Innerhalb der Glaubenssysteme wurden zahlreiche
Werkzeuge und Methoden erfunden, die es dem Gläubigen ermöglichen sollen, sich exakt und effizient zu
verhalten. Die mechanische Uhr wurde während des
Mittelalters in Klöstern entwickelt, damit die Mönche
Gebetszeiten exakt und auch ohne Tageslicht einhalten
konnten,[11] was als gottgefällig galt. Rosenkranz und andere Gebetsketten und -schnüre sollen bei der Einhal-
tung der exakten Anzahl und Abfolge der Gebete helfen.
Es gibt also zahlreiche Werkzeuge, die den Gläubigen dabei unterstützen, Exaktheit und Berechenbarkeit religiöser Praktiken herzustellen.

Ebenso wird Verschwendung in vielen Religionen als
Gotteslästerung angesehen, weshalb in den Glaubens-

---

11 Carr (2010), S. 76.

gemeinschaften Methoden eingeführt und entwickelt wurden, die eine Verschwendung verhindern sollen und eventuell auftretende Verschwendungen überprüfbar machen. Die doppelte Buchführung ist ein Ergebnis des Strebens nach wenig Verlust und einer effizienten Kontrolle zur Analyse und Minimierung der Verschwendung.

Die stark ausgeprägte Symbolik innerhalb einer Glaubensgemeinschaft bringt ebenfalls Effizienzvorteile. Durch das Vorhandensein von wechselseitigem Vertrauen, das auf der Nutzung und Anerkennung des gemeinsamen Symbolsystems beruht, werden Austauschbeziehungen schneller aufgenommen und es müssen weniger Ressourcen darauf verwendet werden, sich vor Betrug oder Täuschung zu schützen. Die sogenannten Transaktionskosten werden gesenkt. Diese Kosten entstehen immer, wenn Austauschbeziehungen eingegangen werden sollen. Zu ihnen gehören vor allem Unsicherheitskosten und Kontrollkosten. Je größer die Befürchtung ist, dass einem Geschäftspartner nicht vertraut werden kann, desto höher ist der Aufwand, diese Unsicherheit zu reduzieren. Eine gemeinsame Religion reduziert von Anfang an solche Unsicherheiten.

Zudem erleichtert der gemeinsame Glaube die Zusammenarbeit deutlich, da der Mensch vor allem unter Aufsicht kooperativ wird.[12] Diese Aufsicht übernimmt in Religionen Gott. Religion ist damit so etwas wie eine virtuelle soziale Plattform, die es Gruppen ermöglicht, über die eigenen familiären und örtlichen Grenzen hinauszuwachsen und erfolgreich zu werden.[13]

12 Norenzayan (2015).
13 Dworschak (2012).

Religionen schaffen die Voraussetzung dafür, dass Menschen mit rationalem Handeln etwas Irrationales (im Sinne von Etwas-nicht-Begreifbarem) erreichen wollen, das mit der Physis des Menschen nicht greif- und erfassbar ist. So entsteht ein permanenter, aber für den Menschen in seiner materiellen irdischen Form nicht erfüllbarer Wunsch nach Erlösung. Erst nach dem Verlassen seiner irdischen Hülle und der realen Welt kann der Mensch ins Paradies gelangen.

Das christlich-jüdische Paradies stellt eine idealisierte Welt dar, in der Menschen ohne Leiden, ohne Hunger und ohne Angst leben werden. Das Nirwana im Buddhismus beschreibt den Austritt des Menschen aus dem Kreislauf des Leidens und der Wiedergeburten und verspricht einen Zustand der absoluten Ruhe und Ausgeglichenheit. Dem Menschen werden keine irdischen und menschlichen Lasten mehr aufgebürdet. Im Koran wird das Paradies, die Dschanna, unter anderem als Ort beschrieben, an dem Bäche mit unverderblichem Wasser fließen, mit Milch und Honig und solche mit Wein. Dort tragen die Gläubigen goldene Armbänder, Kleider aus feiner grüner Seide und schwerem Brokat. Sie sind glücklich und zufrieden. Das Paradies ist der Ort eines materiell, seelisch und körperlich harmonischen und angenehmen Lebens.

Die in praktisch allen Religionen geforderte dauerhaft enthaltsame Lebensweise (auch »Askese« genannt) im Diesseits lässt allerdings den Menschen in seinem Streben nach Erlösung in der realen Welt nie satt werden. Er wird stetig angetrieben, sein Handeln auf die jenseitige Welt auszurichten, in der er von den Lasten und Entbehrungen des Lebens befreit wird. Mit dem aktuell Erreichten kann der Gläubige nie zufrieden sein, der Glaube treibt ihn weiter an. Ein gottesfürchtiges und strebsames Leben ist die Pflicht religiöser Menschen, denn sonst droht die ewige Verdammnis.

Dass dieses Verhalten gut für die Ökonomie ist, konnten die Harvard-Ökonomen Robert Barro und Rachel Mc-Cleary belegen.[14] Im Jahr 2003 werteten sie Umfragen aus, bei denen Menschen aus verschiedenen Ländern angeben mussten, ob sie an Himmel und Hölle glauben, und legten die Ergebnisse über das Wirtschaftswachstum der jeweiligen Länder. Sie erkannten eine deutliche Korrelation: Je mehr die Menschen sich vor der Hölle fürchteten und auf ein Leben nach dem Tod im Himmel hofften, desto größer war das Wirtschaftswachstum.

Das Paradies winkt, wird aber auf Erden nie erreicht, und zugleich ist die Erlösung immer in Gefahr. Bei seinem Streben nach immaterieller und virtueller Erlösung strebt der Mensch aber immer auch nach materiellen Dingen.

Auf die Genüsse des Lebens zu verzichten, sich über die Schmerzgrenzen hinaus zu quälen – das sind typisch religiöse Verhaltensweisen, die mit dem Begriff der Askese belegt sind. Askese fordert Enthaltsamkeit und Selbstdisziplinierung. So predigte vor allem die calvinistische Glaubenslehre, dass wenig zu schlafen, viel zu arbeiten und nicht träge und faul zu sein ein besonders gottgefälliges Leben sei. Wer effizient, arbeitsam und diszipliniert lebe, diene Gott. Eine kontrollierte Lebensführung führe zu einer höheren Chance auf Erlösung.

Eine gesteigerte Form dieser asketischen Lebensführung drückt sich durch freiwillige Qualen aus. In der Selbstkasteiung drückt sich die Demut gegenüber Gott aus; sie ist eine Buße im Tausch für eine Belohnung im

14 Buhse (2013).

Jenseits. Gleichzeitig ermöglicht sie, den Leidensweg der Heiligen nachzuempfinden, und zeigt die Bereitschaft, Leiden für den Glauben auf sich zu nehmen.

Im Christentum ist das freiwillige Erleiden von Unannehmlichkeiten und Schmerzen ein Weg, sich Christus und seinem Leiden anzuschließen. Dieser hatte Qualen und Schmerzen auf sich genommen, um die Menschen von den Sünden zu befreien. In anderen Glaubensrichtungen wie dem schiitischen Glauben im Islam ist die Selbstkasteiung eine rituelle Handlung, die der Verbindung mit dem Propheten dient, seiner Erinnerung und Huldigung. Schiiten verletzen sich am letzten Tag des zehntägigen Aschura-Festes mit Ketten, Peitschen und Säbeln selbst, um dadurch an die Ermordung ihres Imam Hussein, einem Enkel des Propheten Mohammed, und seiner Anhänger im Jahr 680 durch sunnitische Truppen zu erinnern.[15]

Die Gläubigen, die sich selbst geißeln, extrem fasten oder unbequeme, sogar schmerzende Kleidung tragen, wurden und werden in vielen Glaubensgemeinschaften als Vorbilder verehrt und geehrt. Ausdrücke wie »Büßerhemd«, »in Sack und Asche gehen« oder »den Gürtel enger schnallen« beschreiben allesamt diese religiösen Verhaltensweisen und repräsentieren ein gottgefälliges Leben. Die Askese hat das Ziel, innerlich frei zu werden für eine höhere Bestimmung auf Erden und der Erlösung ein Stück näher zu kommen.

DAS KREUZ MIT DEM GELD – MATERIELLE GÜTER FÜR IMMATERIELLEN ERLÖS / Das Verhältnis der meisten Religionen zu materiellen Gütern ist zwar zwiespältig, aber

---

15 Löh (07.01.2009).

paradoxerweise wird durch Religionen bzw. deren Organisationen (wie Kirchen) ein starker Fokus auf materielle Güter gelegt. Es geht dabei aber nicht darum, Güter zu besitzen, um sich selbst darzustellen, sondern darum, Gott zu ehren, seinen religiösen Pflichten nachzukommen (Almosengeben) und seine Zugehörigkeit zu einer religiösen Gruppe darzulegen oder religiöse Praktiken durchzuführen.

So erfüllen die Kippa im Judentum oder der Gebetsteppich im Islam beide Funktionen. Sie werden benötigt, um eine religiöse Aufgabe zu erfüllen, und signalisieren zugleich die Zugehörigkeit zu einer religiösen Gemeinschaft. Das Tragen von Kreuzen im Christentum oder der Tefillin (ein Gebetsriemen aus Leder) sowie Gebetskapseln, die in der Nähe des Herzens und auf der Stirn getragen werden und in denen sich Texte aus der Thora befinden, im Judentum sind materielle Güter, die aber vor allem einen ideellen und immateriellen Wert haben.

Der Wert dieser Gegenstände geht weit über den eigentlichen Herstellungswert hinaus. Die Objekte werden ideell aufgeladen und ihr Wert von dem der Materialien, die verwendet werden, um diesen Gegenstand zu produzieren, entkoppelt.

Religion lädt also bestimmte materielle Güter überhaupt erst mit einem Wert auf. Der subjektiv wahrgenommene Wert steigt um ein Vielfaches. Insofern leistet hier die Religion für die Ökonomie einen wichtigen Vorschub, denn es kommt dazu, dass Menschen ideelle und immaterielle Werte wesentlich höher bewerten als die reinen materiellen Objekte oder sogar höher als Güter des täglichen Lebens.

Der wesentliche Unterschied zwischen den Systemen »Religion« und »Wirtschaft« besteht auf den ersten Blick darin, dass Preis und Leistung in Letzterem in einem messbaren und überprüfbaren, zum Teil sogar deterministischen Zusammenhang stehen. Aber besonders amerikanische Unternehmen versuchen schon seit Ende des 20. Jahrhunderts, diese rationale Beziehungsstruktur aufzulösen. Es wird versucht, eigene Kultsysteme zu etablieren, die ein starkes diesseitiges Heilsversprechen propagieren und mit dem Kauf ihrer Produkte zugleich eine Zugehörigkeit zu einer speziellen Glaubensgemeinschaft versprechen. So sollen Konsumenten zu einem konformen Verhalten erzogen und stabile, lang anhaltende und vor allem rituelle Tauschgeschäfte etabliert werden.

Dass dieses Wirtschaftsverhalten in den letzten Jahren an Bedeutung zugenommen hat, liegt unter anderem darin begründet, dass sich die Märkte seit den 1990er-Jahren durch ein Überangebot an Produkten auszeichnen und zumindest in den westlichen Gesellschaften kein Mangel durch effizientere Produktion beseitigt werden muss. Zudem wuchs durch die Globalisierung der Wettbewerb zwischen Unternehmen. Die Produkte wurden einander zunehmend ähnlich und austauschbarer. Wettbewerbsvorteile wurden nicht mehr durch Produktüberlegenheit erzielt, sondern durch eine überlegene Marketingstrategie. Und dabei griffen gerade Unternehmen aus den USA auf Mechanismen zurück, die dem erfolgreichsten Kultsystem aller Zeiten, der Religion, entlehnt sind.

Die ideelle Aufladung von Produkten ist für Unternehmen ein echtes Erfolgskriterium: Der beste Kunde ist nämlich der, der sich hinsichtlich der angebotenen Waren und Leistungen irrational verhält, Leistungen also zu den Preisen in Anspruch nimmt, die das Unternehmen vorgibt. Der Kunde möchte den ideellen Wert haben, der reelle Wert, also zum Beispiel wie hoch die Produktionskosten für das Produkt sind, interessiert ihn nicht. Wenn er Ware kauft, dann erhält er sozusagen die Erlösung und opfert dafür seinen eigenen Erlös (Geld), den er über Arbeit erzielt hat, dem Unternehmen.

Wenn man sich die Produkte und die Markenkommunikation von Unternehmen wie Nike oder Apple ansieht, ist festzustellen, dass deren Angebote keine Produkte im eigentlichen Sinne darstellen, sondern symbolisch aufgeladene Fetische der Neuzeit sind.

1997 erklärte Steve Jobs diese Strategie während seiner Präsentation der Kampagne »Think different« vor Medienvertretern.[16] In seiner Präsentation erklärte er, dass Nike das beste Beispiel einer Marketingstrategie sei, die konsequent von der Bewerbung eines Produktes absieht und stattdessen dem Menschen Gefühle und Zugehörigkeit vermittelt und verkauft. Er verwies darauf, dass Nike eigentlich ganz normale Sportschuhe und nichts anderes vertreibe. »Aber«, so erklärte Jobs, »wenn Sie jetzt an Nike denken, denken Sie an etwas ganz anderes als an eine Schuhfirma. In ihrer Werbung sprechen sie nie über ihre Produkte oder dass diese besser sind als die von Reebok. [...] In ihrer Werbung verehren sie die großen Athleten [...], und das ist das, was Nike ausmacht, das ist das, was Nike in Wahrheit ist.« Nike überhöhe seine Schuhe und seine Marke und mache sie zu einem Symbol für erfolgreiche Athleten und Sportler, mit denen sich die Käufer von Nike-Schuhen identifizieren wollen. Steve Jobs

---

16 Die Präsentation ist einzusehen unter:
    https://www.youtube.com/watch?v=4HsGAc0_Y5c.

übernahm diese Idee in die Kampagne und verband die Marke Apple mit der Verehrung großer Genies wie Albert Einstein, Gandhi oder Picasso, die die Welt veränderten. »Und wenn diese einen Computer verwendet hätten«, so Steve Jobs zum Abschluss der Präsentation, »wäre es ein Mac gewesen!« Jobs verband so ganz bewusst die Marke Apple mit Genialität, Innovation und Kreativität, und viele Menschen verbinden Apple bis heute damit.

MEHR IST BESSER – REICHTUM ALS VERSICHERUNG DER GNADE GOTTES / Der heutige Kapitalismus zeichnet sich durch ein vollkommen irrationales Streben nach der Anhäufung von materiellem Vermögen und Besitz aus. Diese Vermögen sind so groß, dass sie eigentlich gar nicht mehr ausgegeben werden können.

Sieben der zehn reichsten Menschen der Welt stammen aus den USA und leben dort:[17] Im Jahr 2016 gab es rund 1.800 Milliardäre weltweit, 540 davon waren Amerikaner. Jeff Bezos, 2018 mit einem Vermögen von 112 Milliarden Dollar der reichste Mensch der Welt,[18] könnte, wenn er noch 50 Jahre leben und somit 104 Jahre alt werden würde, jeden Tag über sechs Millionen Dollar ausgeben. Dies entspricht 250.000 Dollar in der Stunde bzw. 4.000 Dollar in der Sekunde.

Was hat das aber mit Religion zu tun? Max Weber, der Gründervater der modernen Soziologie, erklärte die Ursprünge dieser extremen Form des Kapitalismus und der irrationalen Anhäufung von Vermögen mit einer besonderen Auslegung des christlichen Glaubens: dem Protes-

17 o. V. (28.01.2016).
18 Ebd.

tantismus bzw. dem Calvinismus, der eine Form der protestantischen Glaubenslehre darstellt.[19]

Diese religiöse Lehre definierte die Bestimmung des Menschen auf Erden neu. Im Protestantismus wurde die bisherige Trennung eines Lebens in vollkommener Ausrichtung nach Gott, die vor allem in Klöstern gelebt wurde, und ein außerhalb der Klöster und Kirchenmauern geführtes »normales« Leben aufgehoben. Religiöse und weltliche Identität wurden immer mehr zu einer Einheit. Das Leben eines jeden sollte zu einem täglichen Dienst zu Gottes Ehren werden – der Besuch des Gottesdienstes und der Empfang der heiligen Sakramente einmal in der Woche reichten nicht länger aus. Zu einem gottgefälligen Leben gehörte fortan eine rationale, durchstrukturierte sowie enthaltsame Lebensführung. Arbeit war nicht länger Erwerb, um sein tägliches Leben zu sichern, sondern wurde zum Beruf im Sinne der Berufung durch Gott. Durch seine Ausübung konnte man sich der Gnade Gottes versichern.

In dieser Glaubensrichtung schied Gott die Menschen von Anfang an in zwei Gruppen: die Erwählten für das Paradies und die Verdammten, die nach dem Tod in die Hölle gelangen. Besonders ausgeprägt war diese Vorstellung in den calvinistischen Interpretationen der Reformation, die sich vor allem in der heutigen USA verbreiteten, wohin Gläubige, die in Europa wegen ihres Glaubens verfolgt wurden, auswanderten.

Von Gott auserwählte Menschen erkenne man an ihrem wirtschaftlichen Erfolg, so die Vorstellung. Im dauerhaften Erfolg eines Unternehmers wird die segnende Hand Gottes gesehen.

---

19 Heins (1990), S. 64 f.

Reichtum zu besitzen galt in dieser Richtung des Christentums nicht als sündhaft, solange er nicht dem eigenen Konsum und dem eigenen Genuss diente, sondern investiert wurde. Wer seine Arbeit gut und effizient erledigte, diente Gott. Aus dieser kontrollierten Lebensführung entwickelte sich eine religiös fundierte Leistungsethik, die Arbeiter wie Unternehmer prägte. Strebt der »durchschnittliche« Mensch nach einem frühen Ruhestand, strebt der wirklich gläubige und religiöse Mensch nach der Versicherung der Gnade Gottes durch stetes Arbeiten und die Anhäufung von materiellem Reichtum.

Auch wenn heute eine direkte Beziehung zu einer religiösen Fundierung dieses Lebensstils nicht sofort erkennbar ist, ist die psychologische Motivation in unserer modernen Welt erhalten geblieben. Arbeit ist Beruf, und Erfolg ist ein sichtbares Zeichen der Gnade Gottes.

YOU'RE SO VAIN – WIRTSCHAFT ALS LEERE HÜLLE DER RELIGION / Verblasst der Bezug des Handelns auf die jenseitige Welt, stirbt damit auch die überirdische ideologische Grundlage des innerweltlichen Handelns und Strebens nach Anhäufung von Reichtum als Versicherung der Gnade Gottes ab. Übrig bleibt, um es nach Max Weber zu formulieren, ein nacktes innerweltliches Gewinnstreben.[20] Erlös wird zur Erlösung. Religion wird durch die Ideologie des Marktes ersetzt.

Heute ist Wirtschaft die mächtigste Welterklärung, die auch die Fokussierung auf die Diesseitigkeit unseres Denkens und Handelns in unsere Welt geholt hat. Das, was früher den Menschen für das Jenseits versprochen

20 Weber (1988), S. 202 ff.

oder angedroht wurde, hat im letzten Jahrhundert vor allem die Wirtschaft, meist in Form von Werbung, angepriesen: ewige Jugend, ewige Schönheit, ewige Gesundheit und ewiges Glück durch materiellen Wohlstand – alles ist hier und heute möglich. Statt auf das Paradies im Jenseits zu warten, können die Menschen es schon in dieser Welt erhalten.

Wer sich an die Normen und Gesetze des neuen Gottes »Markt« hält, dem winkt ein Leben in einem irdischen Paradies. Wer diesen Gott aber infrage stellt, der muss mit der Verdammnis rechnen: Armut, Einsamkeit und soziale Ächtung sind die drohenden Folgen.

Ökonomie bringt damit auch die Erlösungsversprechen der Religion in das Diesseits. Der Mensch will sich durch Anhäufung von Besitz und von Erlös von den Sorgen und Lasten des Lebens selbst befreien und hofft darauf, mit Geld auch Glück, Schönheit und ein möglichst langes Leben kaufen zu können.

Allerdings bietet diese neue Religion keine Antworten auf die Fragen, die über Konsum und Fokussierung auf materielle Werte hinausgehen. Zudem verliert sie Stück für Stück an Glaubwürdigkeit, weil immer mehr zutage tritt, dass die gepredigten Kausalitäten nicht stimmen. Wirtschaft ist statistisch entzauberbar und durch eigene Erfahrung widerlegbar.

Nun aber gibt es eine neue Sphäre der Jenseitigkeit, die Erlösung und Heil für alle verspricht: das Internet und die dahinter verborgenen digitalen und virtuellen Welten. Diese verheißen letztlich die Befreiung vom Joch der Wirklichkeit und schaffen eine neue Sphäre der Jenseitigkeit, die Wunder bringt, auf das Leben der Menschen im Diesseits einwirkt und für jeden zugänglich ist.

TO MAKE A CONTRIBUTION TO A BETTER WORLD – DIE NEUE IDEOLOGIE DER DIGITALEN TECHNOLOGIE

Die moderne Wirtschaft benötigt Technologien. Erst diese ermöglichen eine Rationalisierung der Produktion und eine stete Steigerung der Effizienz. Technologie wiederum basiert auf physikalischen Erkenntnissen, die in Gesetzen formuliert und auf deren Basis technologische Lösungen entwickelt werden. Damit trägt Technologie zu einer Entzauberung der Welt bei. Ein Kran, ein Flugzeug, ein Auto – all diese Technologien funktionieren nur, weil es die Physik erlaubt. Bis zur digitalen Technologie basierten dabei alle Maschinen im Wesentlichen auf den newtonschen Gesetzen, die die Grundlage der klassischen Physik bilden. Die meisten dieser Gesetze können vom Menschen nachvollzogen und sogar mittels einfacher Experimente überprüft werden.

So kann jeder das Gesetz des Auftriebs, aufgrund dessen Flugzeuge fliegen können, experimentell überprüfen, indem man ein Blatt Papier gewölbt vor den Mund hält und über die Wölbung des Papiers pustet. Der Rest des Papiers wird nach oben gezogen. Kein Wunder Gottes hebt die Flugzeuge nach oben, sondern physikalische Gesetze erlauben es.

Aber selbst wenn man tiefer in die Prinzipien und Wirkweisen klassischer Physik eintauchen muss oder will, ist alles durch stetige und differenzierbare Funktionen beschreibbar. In dieser physikalischen Welt besteht alles aus einem Kontinuum von Ursache und Wirkung. Jede Ursache ruft eine entsprechende Reaktion hervor, nichts bleibt dem Zufall überlassen. Gott oder eine unsichtbare Macht werden nicht mehr benötigt. Durch die Wissenschaft und die sich daraus entwickelnden Technologien wurden immer mehr Phänomene, die dem Menschen bis dahin geisterhaft, magisch und unerklärlich schienen, aufgelöst und einer rationalen Erklärung zugeführt.

Eine Sonnenfinsternis ist kein Vorbote schlimmer Ereignisse, sondern kann anhand der Umlaufbahn von Erde und Mond um die Sonne berechnet und vorhergesagt werden. Ein Unwetter ist das Ergebnis von erklärbaren Ursache- und Wirkungsprinzipien und keine Strafe Gottes für die betroffenen Menschen. Und auch ein fliegendes Objekt ist kein göttliches Wunder mehr, sondern ein Flugzeug, das die Schwerkraft durch Vortrieb und Auftrieb überwindet.

Physik hat maßgeblich dazu beigetragen, die Welt zu entzaubern, und sie hat den Anteil Gottes an der Erklärung der Gestaltung und Entstehung der Welt zurückgedrängt. Gottes Beitrag wurde im Alltag der Menschen immer kleiner. Die Wissenschaft erklärt einem die Welt – rational, vernunftbegabt und dem logischen Denken zugänglich. Religion kann nicht mehr dieselbe starke Wirkung erzeugen wie zuvor, da es keine jenseitige göttliche Sphäre mehr geben muss, aus der heraus das Leben auf Erden erklärt und beeinflusst wird.

DIE WIEDERVERZAUBERUNG DER WELT DURCH WISSENSCHAFT – EXISTIERT DER MOND AUCH, WENN MAN IHN NICHT BETRACHTET? / Nun basiert die digitale Technologie allerdings auf einer fundamental anderen Physik, die nur schwer mit den Erkenntnissen der klassischen Physik und den daraus abgeleiteten Vorstellungen der Menschen in Einklang zu bringen ist. Sie ist nicht mehr intuitiv nachzuvollziehen. Diese neue Physik ist die Quantenphysik, synonym auch als Quantenmechanik bezeichnet. Sie sorgt in gewisser Hinsicht für einen neuen Zauber in unserer Welt.

Die Quantenmechanik stellt eine relativ junge Wissenschaftsrichtung dar und beschreibt, wie sich die Welt in ihren kleinsten Teilchen, den Protonen und Elektronen, verhält. Die entscheidenden Grundlagen hierfür wurden zwischen 1925 und 1935 gelegt. Diese neue Physik entstand, als die Gesetze der klassischen Physik bei der Beschreibung von Vorgängen in atomaren und subatomaren Bereichen versagten. Neue Ideen und Theorien wurden entwickelt, die es ermöglichten, die Gesetze der kleinsten Teilchen zu fassen.

Das Verhalten der betrachteten Teilchen widerspricht unseren Alltagsvorstellungen allerdings völlig und rüttelt an Fundamenten der bisherigen wissenschaftlichen Welterklärung, und zwar so sehr, dass sogar Albert Einstein diese Theorie ablehnte. »Existiert der Mond auch dann, wenn keiner hinsieht?«, fragte Einstein sarkastisch.[21] Damit stellte er die Ergebnisse der Quantenphysik infrage, die nicht mehr davon ausgeht, dass die Welt existiert, unabhängig davon, ob man sie beobachtet oder nicht. Vielmehr scheint die Welt nur dann Wirklichkeit zu werden, wenn man sie beobachtet. Das, was man sieht, wird also erst konstruiert, wenn man hinsieht.

So gesehen würde die Welt also genauso funktionieren wie jede heutige Softwareanwendung, zum Beispiel ein Videospiel. Dieses existiert nur, wenn es aufgerufen, gestartet und auf einem Bildschirm dargestellt wird. Wenn die Spielfigur gedreht wird, wird der jeweilige

21 o. V. (10.06.2016).

sichtbare Bereich genau in dem Moment erzeugt, wenn er für den Betrachter benötigt wird. Sieht man in einem Videospiel einen virtuellen Fußballer in einem virtuellen Stadion, ergänzt das Gehirn das Stadion über den Bildschirm hinaus. Es produziert einfach etwas hinzu, was eigentlich noch nicht existiert. Der virtuelle Fußballer auf dem Feld, so er denn ein Bewusstsein hätte, könnte nicht wissen, dass das Bild immer nur dann erzeugt wird, wenn er sich in die Richtung bewegt.

Die Quantentheorie sagt: Die Welt in ihrem Innersten ist genauso aufgebaut. Sie besteht nur aus Informationen und Wahrscheinlichkeiten. Bis zum Zeitpunkt der Messung eines Teilchens hat dieses alle möglichen Eigenschaften gleichzeitig, und man kann lediglich vorhersagen, wie wahrscheinlich eine Eigenschaft ist.[22] Eine physikalische Messung hat demnach kein vorhersagbares Ergebnis. Und nach der Messung nimmt jedes Teilchen wieder den Zustand der Unbestimmtheit ein – bis zur nächsten Messung durch den Menschen. In dieser Hinsicht sind das, was man als reale Welt bezeichnet, und die Welt des Videospiels identisch.

Elon Musk, der Gründer von Paypal, Tesla und SpaceX, ist sogar überzeugt, dass die Menschheit in einem Computerspiel lebt und die Erkenntnisse der Quantenphysik nur deshalb erkannt werden können, weil man Teil eines Softwarespiels ist. Er geht davon aus, dass die Chance, dass wir uns nicht in einer Computersimulation befinden, nur eins zu einer Milliarde beträgt.[23]

Aber damit nicht genug der neuen Weltdeutung. Wenn man nun genauer in das produzierte Bild hineinzoomt

22 Seibt (2017).
23 o. V. (2016).

und die Bewegung des Spielers analysiert, kann man feststellen, dass sich dieser nicht kontinuierlich bewegt, sondern ruckartig. Die klaren Umrisse des Spielers und jedes visuell dargestellten Gegenstandes werden pixelig. Und diese Punkte bewegen sich sprunghaft. Das heißt, jedes Objekt, das man sieht, wird eigentlich permanent neu produziert. Es zerfällt an der einen Stelle und wird an der nächsten Stelle wieder zusammengebaut. Es ist, als wäre eine Bewegung mit einer Hochgeschwindigkeitskamera eingefangen worden: Es werden Tausende von einzelnen Bildern aufgenommen, und erst wenn diese wieder in einer gewissen Geschwindigkeit ablaufen, werden die einzelnen Bilder als eine kontinuierliche Bewegung wahrgenommen. Die Menschen glauben nun, dass die kontinuierliche Bewegung dominant ist und lediglich die Kamera lauter Einzelbilder daraus macht. Die Quantenphysik sagt erneut das Gegenteil: Aus lauter einzelnen Teilchen werden kontinuierliche Wellen und Bewegungen erzeugt. Die Bewegungsbahn, die man sieht, entsteht erst dadurch, dass man sie sieht.

Das, was der Mensch als objektive Wirklichkeit begreift, ist also eine Illusion, so wie es für den virtuellen Fußballspieler auf dem virtuellen Spielfeld im virtuellen Stadion nur eine für ihn gebaute und entworfene Realität ist. Diese existiert nur, weil jemand den Computer hochgefahren und die Software gestartet hat. Danach zerfällt alles wieder in Einzelteile, in Information und Code. Die Software wartet darauf, die nächste Wirklichkeit auf dem Bildschirm herzustellen.

Es gibt in dieser Physik keine Ursache-Wirkungs-Prinzipien mehr, stattdessen ist das Verhalten gewisser Elemente lediglich wahrscheinlich, aber eben nicht zwangsläufig. Selbst dann, wenn das Experiment exakt wiederholt wird, kann das Ergebnis ein völlig anderes sein. Alles unterliegt einem gewissen, wenn auch statistisch berechenbaren Zufall. Die Berechenbarkeit der Welt hat somit unüberwindbare Grenzen: Alles ist nur noch wahrscheinlich.

Dies alles mag vielleicht verrückt klingen, aber die Quantenphysik ist eine der am besten belegten physikalischen Theorien – besser als die newtonsche Physik oder die Relativitätstheorie.[24]

FROM SILICON VALLEY WITH LOVE – DIE NEUE PHYSIK IN ALLEN PRODUKTEN / Die Quantenphysik bildet die Grundlage für die moderne Digitaltechnologie. Ihre Ideen und Erkenntnisse sind heute praktisch in allen Wissenschaftsrichtungen explizit oder durch die Technologie implizit zu finden. Der Laser, das Elektronenmikroskop, die Kernspinresonanzspektroskopie oder der Transistor – all diese Geräte funktionieren aufgrund der Erkenntnisse und der Formeln der Quantenphysik. Der Transistor ist dabei heute der meistproduzierte Gegenstand der modernen Industriegesellschaft. Transistoren finden sich in Computern, Mobiltelefonen, Kameras, Autos und Waschmaschinen, und viele von ihnen bestehen aus Silizium (engl. »Silicon«).

Die neue Technologie ist universell und schafft scheinbar vollkommen neue Lösungsansätze für bisher unlösbare Aufgabenstellungen. Zudem werden durch die auf der Physik der kleinsten Teilchen basierenden Technologie die Computer immer kleiner und damit auch immer mehr Dinge sichtbar, die bislang unsichtbar waren. So sind bildgebende Verfahren in der Medizin nur

24 Räwel (2006).

durch neue digitale Technologien in Verbindung mit entsprechender Software möglich. Irgendwann werden die Computer so klein sein, dass diese durch die Blutgefäße des Menschen schwimmen und dort Mikroheilungen vornehmen können.

Es ist also nicht verwunderlich, dass Google, Facebook, Apple oder Amazon in all diesen Disziplinen nun mitspielen wollen und es aus technologischer Sicht auch können – in der Genforschung genauso wie in der Krebsforschung oder der Raumfahrt. So forscht Google in seinem Experimentallabor »Google X« an computerbasierten Kontaktlinsen, die den Blutzucker messen können und durch eine integrierte Antenne Daten an eine Software auf Smartphones übermitteln und irgendwann dem Körper die entsprechende Insulindosis automatisiert zuführen sollen.[25] Und Ray Kurzweil, Chefingenieur bei Google, will mikroskopisch kleine Roboter in die Blutbahn des Menschen schicken, um Bakterien, Krebszellen oder Viren zu bekämpfen.[26]

Im Tal des Siliziums, dort also, wo milliardenfach die Quantenphysik in Transistoren, Prozessoren und Lasern zum Einsatz kommt, vereinen sich nun Technologie, Ideologie und Spiritualität zu einer neuen Religion. Diese erschafft ein neues Jenseits, das der normale Mensch weder intellektuell verstehen noch physisch erfahren kann. Es steckt in jedem Produkt von Google und Co. – und so muss der Mensch wieder anfangen zu glauben.

25 DPA (20.01.2014).
26 Fiedler (22.12.2015).

TRANSISTOREN ALS HOSTIEN DER NEUZEIT – ENDLICH HAT ALLES EINEN SINN / Die Unternehmen des Silicon Valley sehen in der Digitalisierung eine allem anderen übergeordnete Größe, die der Gesellschaft als Ganzes einen neuen Sinnzusammenhang zur Verfügung stellt. Die Mitarbeiter von Google, Facebook oder Apple und vor allem deren Kunden und Nutzer sollen glauben, dass jeder durch seinen Beitrag zum Unternehmen zugleich einen wichtigen Beitrag für die Gesellschaft und die Welt leistet.

Vor allem die Gründer der Unternehmen kommunizieren immer wieder, dass es um wesentlich höhere Ziele gehe, als wirtschaftlich erfolgreich zu sein. Sinnhaftigkeit ist das neue Zauberwort, nicht sinnbefreites Leben, um Geld zu verdienen. Die digitale Technik bietet ihrer Meinung nach die Möglichkeit, das eigene Leben und das Leben aller zu verbessern. Sie überhöhen das eigene Handeln und verkünden, dass es in ihrem Streben um das Kollektiv gehe, nicht um Return on Invest. So erklärte Mark Zuckerberg 2011 in einem Gespräch mit dem Journalisten Kirkpatrick, dass es nicht sein Ziel sei, ein Unternehmen aufzubauen, das Gewinn erwirtschaftet, sondern dass er eine große Veränderung der Welt herbeiführen wolle.[27] Auch Joe Gebbia, einer der Gründer von Airbnb, sagte, dass er an etwas Großem arbeiten wolle, etwas, das Millionen Menschen berühre.[28]

Die digitale Wirtschaft vereint sich mit einem neuen Sinnstreben. Gewinn ist nicht das primäre Ziel, sondern dient lediglich als Nachweis, von Gott auserwählt zu sein und etwas Großes und Sinnvolles zu kreieren. »Kreativität« und »Innovation« sind die neuen Schlagworte.

27 Kirkpatrick (2012).
28 Caracciolo (2015).

Heute ist es die Technologisierung, die die Kollektivierung des Individuums ermöglicht. Der Einzelne tritt in den Hintergrund und wird Mitglied einer Gemeinschaft, die für höhere Ziele kämpft. In den Worten der digitalen Glaubensgemeinschaft heißt das: Jeder ist Teil der Crowd, die Innovation und Change bringt.

Dieser Change wird ermöglicht durch die Transistoren, die im Silicon Valley in die verschiedensten Gegenstände eingebaut werden. Transistoren sind die Hostien der digitalen Moderne, die die Segnungen der digitalen Technologie für die Menschen repräsentieren.[29] Durch die digitalen Hostien wird jedes Produkt der Konzerne aus dem Tal des Siliziums zu einem Symbol für eine Verbesserung für alle. Und jeder, der sie nutzt, wird damit selbst zum Weltverbesserer. Google will die Medizintechnologie revolutionieren, um Millionen Menschenleben zu retten, und Facebook will die Menschen zusammenbringen, um Frieden und Eintracht zu stiften. Wer Facebook nutzt, stiftet also auch ein bisschen Frieden.

Man muss nur immer mehr glauben, dass die Lösungen und Produkte, die sich Informatiker, Physiker und Mathematiker ausdenken, Heil und Erlös(ung) bringen werden.

---

29 In der christlichen Glaubenslehre symbolisieren Hostien in Form kleiner Oblaten das Brot, welches beim letzten Abendmahl Christi gebrochen und geteilt wurde.

DIGILIGION – DIE NEUE DIGITALE RELIGION

Die neue Ideologie fügt der sinnentleerten und ausschließlich auf das Diesseits gerichteten Ersatzreligion »Ökonomie« neue Elemente hinzu, sodass die aufkommende digitale Ökonomie und die digitalen Technologien nun zu einer echten Religion verschmelzen können. Das durchrationalisierte Wirtschaftssystem musste bisher der überprüfbaren rationalen Welt unterworfen bleiben und konnte wenig bis keine Lösungsangebote für die Sinnfragen des Lebens über das Diesseits hinaus anbieten. Das Internet hingegen schafft ein neues Jenseits, und so wird mit der Digitalisierung die unvollendete »Ökonomie« und deren diesseitiges Erlösstreben zu einer vollendeten Religion: Aus Erlös wird endlich wieder Erlösung.

DIE HEILIGKEIT VON 0 UND 1 / Am Ende ist in der digitalen Welt alles nur 0 oder 1. Alles tritt stets paarweise (also binär) auf. Die Eins hängt mit der Null zusammen, so wie Himmel und Hölle in den Religionen zusammenhängen.

Religionen können ebenfalls als binäre Systeme angesehen werden: Es gibt das Diesseits und das Jenseits, es gibt die Erlösung oder die Verdammnis, und selbst der Mensch ist zweigeteilt: in die unvergängliche Seele und in den vergänglichen Körper. Und Letzterer muss zurückgelassen werden in der Diesseitigkeit. Damit der Mensch diese Zweiteilung versteht, wird in Religionen auch auf Erden die Welt untergliedert in eine sakrale Sphäre und eine profane, alltägliche Welt. Dabei soll das Leben des Menschen auf die sakrale und jenseitige statt auf die alltägliche Welt und die materiellen Dinge gerichtet werden.

DIGITALIEN – DAS NEUE JENSEITIGE LAND / Die digitale Welt im Allgemeinen und das Internet im Speziellen stellen eine jenseitige Welt dar, die dem Menschen selbst unzugänglich bleibt. Die digitale Technologie liegt außerhalb der Grenzen der Erfahrung des Menschen und dessen sinnlich erkennbaren Welt. Diese ist daher vergleichbar mit dem Jenseits in den traditionellen Religionen. Man kann nicht physisch »in das Internet gehen«, und man erkennt auch nicht, wie ein digitales Gerät funktioniert, wenn man es »aufschraubt« und es sich ansieht. Hierin besteht der wesentliche Unterschied zu den meisten bisherigen Technologien: Öffnet man eine mechanische Waage, dann kann man sehen und nachvollziehen, wie dieses Gerät funktioniert; bei einer geöffneten digitalen Waage sieht man zwar die verbauten Teile, aber deren Funktion bleibt dem Menschen mit seinen sechs Sinnen verschlossen.

Damit ist diese Technologie auch tatsächlich transzendent, also übersinnlich, und schafft im metaphorischen Sinn so ein echtes Himmelreich, das heute passenderweise »Cloud«[30] genannt wird.

INTERNET – DER NEUE GOTT / Wie in den traditionellen Religionen gibt es auch in der digitalen Welt eine echte Gottheit: das Internet.

Gott ist unsichtbar, aber dennoch allgegenwärtig, allmächtig und allwissend. Anders gesagt: Gott ist »virtuell«, also in seiner Wirkung für Menschen zwar existent,

---

30 Der Begriff »Cloud« wird oft als Synonym für das Internet verwendet. Im eigentlichen Sinn ist mit »Cloud« die Bereitstellung von digitalen Services wie beispielsweise Speicherplatz oder Anwendungssoftware als Dienstleistung über das Internet gemeint.

in seiner physischen Präsenz aber nicht greifbar. Gott wird dabei als ordnende Hand verstanden, die dem, was man im Hier und Jetzt nicht versteht, einen Sinn im Jenseits gibt. Alles, was man tut, und alles, was mit einem geschieht, hat einen Zweck und wird in der anderen Welt sinnvoll aufgelöst. Man selbst kann es nicht erkennen, aber Gott hat einen Plan.

Exakt diese Eigenschaften schreiben viele Menschen auch dem Internet zu: Das Netz ist eine virtuelle Macht, die omnipräsent ist, ohne dabei wirklich greifbar zu sein.

Das Internet ist ein vollkommen abstraktes System: Es riecht nicht, es kann nicht ertastet werden, man kann es nicht schmecken, und man kann es weder sehen noch hören. Dennoch scheint das Internet zu existieren, selbst dann, wenn man es nicht nutzt, wenn man selbst nicht aktiv ist. Und das Internet ist nicht nur existent, sondern auch allwissend, es vergisst nichts. So hat diese virtuelle Kraft Auswirkungen auf das reale menschliche Leben, im Positiven wie im Negativen.

Medienunternehmen greifen immer wieder gern Themen auf, die diese göttliche Kraft des Internets belegen. Das Magazin Chip schreibt, dass Menschen wegen ihrer Facebook-Posts Jobs verlieren,[31] und auch die Zeitung Welt warnt, dass ein falsches Foto bei Facebook den Job kosten kann oder die Karriere ruiniert.[32] Doch nicht nur über dieses »strafende« Internet wird berichtet, es werden auch immer wieder News produziert, die belegen, wie Menschen durch das Internet belohnt werden. So schreibt das Manager Magazin: »Millionäre dank

---

31 Schulz (28.11.2017).
32 Czycholl (06.07.2014).

YouTube«[33], bei bild.de ist zu lesen: »Multi-Millionärin dank Instagram«[34], und ProSieben verkündet: »Berühmt und reich dank Instagram-Posts.«[35]

Das Internet wird so als ordnende und eingreifende und damit als höhere Macht dargestellt, durch die man für sein Handeln bestraft oder belohnt wird. Das eigene Schicksal liegt also gleichsam in der Hand des Internets, und die Wege der Algorithmen Gottes sind unergründlich, aber existent und spürbar. Nichts bleibt mehr geheim und verborgen: Das Internet sieht alles. Dadurch wird ein kollektives Gewissen geschaffen, das über dem Einzelnen steht und die Macht hat, über den Menschen zu entscheiden. Das Internet wird so zu einem postmodernen Gott, der die menschlichen Geschicke lenkt und steuert. Aus »Dein Wille geschehe« wird heute »Dein Algorithmus geschehe«.

Wie in den traditionellen Religionen bleibt dabei immer eine Unsicherheit bestehen, denn es gibt keine absolute Sicherheit, dass man die Gnade des Internets auch erfährt. Das Internet bleibt stets Quelle permanenter Ungewissheit. Niemand kann sich sicher sein, ob er gefilmt wurde und ein Video von ihm hochgeladen und verbreitet wurde oder nicht. Niemand weiß, ob seine Daten wirklich sicher sind oder nicht schon geklaut wurden. Man kann nicht physisch überprüfen, ob das eigene Passwort oder die Kreditkartendaten gestohlen wurden. Wenn man einen Schlüssel in seine Tasche steckt, dann kann man jederzeit überprüfen, ob dieser noch da ist oder nicht; wenn man hingegen einen digitalen Schlüs-

33 o. V. (28.10.2015).
34 o. V. (18.03.2016).
35 o. V. (14.04.2016).

sel hat, bleibt stets eine gewisse Unsicherheit, ob dieser vielleicht gerade »gestohlen« wurde und nun mit ihm die Haustür oder das Auto geöffnet werden können.

Weil immer weniger wirklich überprüfbar wird und alles in Gedanken nachvollzogen oder erdacht werden muss, erfordern das Internet und die digitale Technologie größere kognitive Anstrengungen der Menschen.

Religion übernimmt die Funktion, die kognitive Überforderung auf Fragen, die der Mensch nicht beantworten kann, zu reduzieren. Um diese Funktion auch für die neuen Technologien bereitzustellen, kommt es zu einer starken Verbindung religiöser Elemente mit den digitalen Anwendungen.

GOOGLE UND CO. – DIE NEUEN PFORTEN INS JENSEITS / Um zwischen dem erfassbaren Hier und dem nicht begreifbaren Dort zu vermitteln, werden Medien benötigt. In den traditionellen Religionen sind dies Menschen, zum Beispiel Propheten, die zwischen dem Hier und dem Jenseits vermitteln, weil sie tatsächlich Zugang zu der anderen Welt haben oder herstellen können. Sie präsentieren die Pforten und Portale, die den Einstieg in die heilige Welt ermöglichen.

Auch in der digitalen Welt wird jeder Kontakt über Medien vermittelt. Um in die Welt der Jenseitigkeit zu gelangen, verwendet man Portale wie Google, Instagram oder Facebook, die einem den Weg weisen in diese heilsversprechende neue Dimension. Sie stehen zwischen einem selbst und anderen Menschen, die ebenfalls über das Internet kommunizieren und die gleichen heiligen Orte namens Google, Facebook und Co. nutzen. Diese Internetunternehmen übernehmen die Funktionen traditioneller Religionen, indem sie innerhalb abstrakter, anonymer sozialer Interaktion Sicherheit und Vertrauen schaffen.

In der Welt des Internets gibt es stetig und immer häufiger Interaktionen mit völlig unbekannten, zum Teil noch nicht einmal real existierenden Interaktionspartnern: Anfragen von Usern auf Facebook oder Instagram, die man nicht kennt und bei denen man oft nicht einmal überprüfen kann, ob es reale oder gefakte Personen, womöglich von einem Softwarebot erzeugte Profile, sind.

Aufgrund dieser unsicheren Umweltbedingungen in der virtuellen Welt benötigt der Mensch etwas, das ihm hilft zu vertrauen, dass eine ordnende Macht diese Interaktionen absichert und überprüft. Plattformen wie Facebook, YouTube, aber auch eBay stellen solche Funktionen in Form von Softwarealgorithmen zur Verfügung und erleichtern so die Aufnahme von Beziehungen. Mit der Zeit werden diese Plattformen für die Menschen immer mehr zu neuen Götzenbildern, die in Summe den neuen Gott repräsentieren: das Internet.

EWIGE SEELE, EWIGE INFORMATION / Eine konzeptionelle und ideologische Nähe der digitalen Welt zu den Religionen besteht zum einen in einem starken Dualismus von Geist und Körper, der in der digitalen Welt durch den Dualismus von Information und Materie beschrieben werden kann, zum anderen darin, dass in beiden Ideologien die immateriellen Eigenschaften als primär angesehen werden.

So kann der Mensch zwar sterben, aber er verlässt aus Sicht religiöser Menschen nur die irdische Hülle. Die Seele hingegen bleibt erhalten und geht hinüber in die Welt des Jenseits. Dort lebt der Mensch entweder als eine Art Geist beseelt weiter, oder aber die Seele wird in einem neuen Körper wiedergeboren.

Dieser Grundgedanke findet sich in der digitalen Welt und in den Wissenschaften, die sich mit dieser Technologie beschäftigen, wieder. Information ist dabei das Letztelement von allem.

Der österreichische Quantenphysiker und Professor am Institut für Experimentalphysik der Universität Wien, Anton Zeilinger, sieht in der Information den Urstoff des Universums.[36] Für ihn und andere Physiker aus diesem Fachgebiet sind Wirklichkeit und Information ein und dasselbe. Das Universum, der Mensch, alles ist am Ende nichts als Information, die immer erhalten bleibt, nur eben in anderen Zuständen – mal geordnet, mal ungeordnet, mal materiell und mal virtuell. Damit bricht die digitale Gedankenwelt mit den Ideen und Gesetzen der klassischen Physik, die im Kern auf Materie und deren Wechselwirkungen basiert. Diese definiert Materie als etwas, das Raum einnimmt und über eine Masse verfügt – aber Information an sich besitzt weder Raum noch Masse noch Zeit.

Wie die Seele des Menschen in den religiösen Weltanschauungen bleibt die Information des Menschen auch nach seinem Tod erhalten, zum Beispiel in Form seiner DNS. Denn das, was den Menschen ausmacht, ist nichts anderes als gespeicherte Information auf einem Strang aus Desoxyribonukleinsäure. Theoretisch ist damit jeder Mensch in seiner materiellen Form und Teilen seiner Eigenschaften identisch reproduzierbar, und die Seele kann schon bald, so die Hoffnung und die Vorhersagen zahlreicher Entwickler und Wissenschaftler aus dem

---

36 Zeilinger (2013).

Valley,[37] von jedem in Form von Information im modernen Jenseits gespeichert werden – und zwar in der Cloud.

Und wie in den altertümlichen Religionen kann der Zeitpunkt benannt werden, an dem dieses Ereignis für alle Menschen eintreten wird – es ist der Moment der Singularität.

DER TAG DES JÜNGSTEN GERICHTS – DIE SINGULARITÄT IST NAH / Gott wird den Menschen richten. An diesem Tag wird das Leben, so wie die Menschen es bisher kennen, vernichtet oder in fundamentaler Weise verändert. Davon gehen alle Weltreligionen aus. In der christlichen Glaubenslehre ist dies die »Apokalypse« oder auch der »Tag des Jüngsten Gerichts«, im Islam der »Tag des Gerichts«.

So einen Tag, so ein Ereignis gibt es auch in den Lehren der digitalen Religion. Google kennt den Moment, an dem es mit der Menschheit in der aktuellen Form vorbei sein wird: Er wird als »Singularität« bezeichnet.

Einer der wesentlichen Vordenker dieses Ereignisses ist Ray Kurzweil, »Director of Engineering« (Leiter der technischen Entwicklung) bei Google.[38] Er sieht in der Singularität einen technologischen Fortschritt, der so schnell ist, dass er einen Einschnitt in der Geschichte der Menschheit nach sich zieht. Laut Ray Kurzweil wird sich in absehbarer Zeit die Technologie in einer Stunde so schnell weiterentwickeln wie davor in hundert Jahren, bis dieser Entwicklungsschub sich in immer kürzeren Entwicklungszyklen vollzieht und quasi unendlich schnell wird. Der Mensch kann die Singularität dabei

37 Wiedemann (12.07.2015).
38 Ebd.

nicht nachvollziehen, weshalb es unmöglich ist, vorherzusehen, was nach dem Erreichen dieses Punktes geschehen wird. Oft wird in diesem Moment auch das »Ende der Menschheit« gesehen,[39] denn eine künstliche Superintelligenz wird die Herrschaft über die Welt übernehmen und den fehlerhaften Menschen von seiner eigenen Endlichkeit und Fehlerhaftigkeit befreien. Auch Stephen Hawking warnte vor diesem Moment und einer möglichen Auslöschung der menschlichen Spezies durch eine künstliche Superintelligenz.[40]

Diese Definition unterscheidet sich kaum von den klassischen religiösen Vorstellungen vom Ende der Welt, doch in der digitalen Welt kann der Mensch in einen neuen Zustand übergehen und damit ins informative Paradies einziehen.

TRANSHUMANISMUS – DIE TECHNOLOGISCHE REINKARNATION UND DAS EWIGE LEBEN IM DIESSEITS / In der digitalen Ideologie werden die religiösen Vorstellungen von der Wiederauferstehung im Jenseits oder der Wiedergeburt durch eine Transformation des Menschen im Diesseits ersetzt. Wie die Intelligenz des Menschen digital durch Rechner erzeugt werden kann, so kann bald auch der Körper als Ganzes digital transformiert werden.

»Transhumanismus« wird diese Denkrichtung der digitalen Welt genannt, die die Grenzen der menschlichen Biologie aufheben und den Menschen unsterblich machen will. Diesem wird die biologische und verderbliche Hülle entrissen und durch künstliche Bauteile ersetzt, die von einer künstlichen Intelligenz (KI) gesteuert

39 Ebd.
40 Ebd.

werden – der eigentliche Mensch ist ohnehin Information und keine Materie. Der digitale Gott setzt durch sein Wirken und das seiner Auserwählten dem Sterben und Leiden auf Erden ein Ende.

Wie gut, dass die Gesellschaft schon auf dem besten Weg ist, die Künstlichkeit des Menschen als bessere Realität zu akzeptieren und den künstlich geschaffenen Vorbildern nachzueifern. Das Streben, sich zu artifizieren, sich von den körperlichen Eigenschaften zu befreien, ist ein ungebrochener Trend der westlichen Gesellschaften. Ewige Jugend, ewige Schönheit und andauerndes Glück sollen im Diesseits erreicht werden, statt auf die Erlösung in einem Paradies nach dem irdischen Tod zu hoffen.

Die moderne digitale Technologie öffnet nun eine weitere Perspektive. Sie kann zum einen die elementaren Fragen des Seins beantworten und zum anderen neue Lösungen im Diesseits anbieten. Am Ende dieses Gedankengangs dreht die digitale Religion eine wesentliche Kausalkette der traditionellen Religionen um: Aus »Mein Handeln im Hier beeinflusst mein Leben im Jenseits« wird »Mein Handeln im Internet (Jenseits) beeinflusst mein Leben im Diesseits«.

Dank der neuen Technologie und den Segnungen des Internets sind diese Verheißungen für jeden Menschen in greifbare Nähe gerückt. Das Elysium auf Erden ist nah, und das Internet ist die ordnende Kraft, die es jedem Gläubigen ermöglicht, erlöst zu werden.

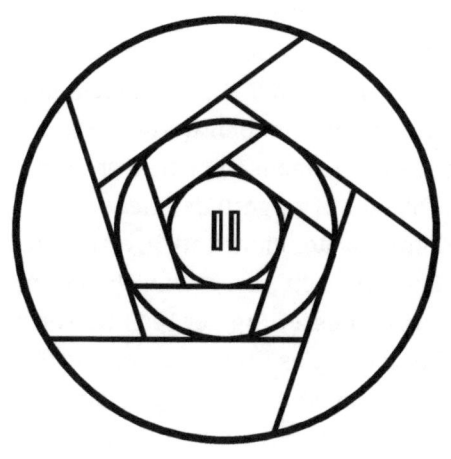

DIE KIRCHEN DER
DIGITALEN NEUZEIT

Von Propheten, Symbolen und Mythen
und den postmodernen Klöstern
des heiligen Tals

———————

Nun muss aber Glauben organisiert werden, und hier springen nun die großen Konzerne des Silicon Valley, allen voran Google, ein. Diese können durchaus als die postmodernen Kirchen der digitalen Welt gesehen werden. Wie die Kirchen der klassischen Religionen auch, organisieren sie den Glauben und die Gläubigen und erfassen so für sich wirtschaftlichen Wert. Ihre Jünger und Mitglieder folgen nur zu gern den neuen spirituellen Führern der digitalen Religion und investieren ihre Daten, Geld und Zeit, um Teil von etwas Höherem zu werden, einen Teil zur Verbesserung der Welt beizutragen und so Erlösung durch Googles Gnaden zu erlangen.

Um die Menschen zu Gläubigen zu transformieren und zu konvertieren, setzen die Unternehmen Elemente und Strategien ein, die sich auch bei allen traditionellen Religionen und deren Glaubensgemeinschaften finden. Dabei werden die Elemente neu angeordnet und in die Unternehmensauftritte integriert. Gleichzeitig vereint die digitale Religion die Gesellschaftssysteme Wirtschaft, Bildung oder Politik wieder zu einem ganzheitlichen Glaubenssystem: Es geht um Erlös(ung) in allen Lebensbereichen, die die digitale Welt bringen soll.

WAHRLICH, ICH SAGE EUCH — DIE NEUEN SPIRITUELLEN FÜHRER DER DIGITALEN RELIGION

Liebe Max,

Deine Mutter und ich haben noch keine Worte dafür, zu beschreiben, welche Hoffnung Du uns für die Zukunft gibst.

Dein neues Leben ist voller Versprechen, und wir hoffen, Du wirst glücklich und gesund sein, sodass Du es in vollen Zügen erkunden kannst.

Du hast uns bereits einen Anlass gegeben, über die Welt nachzudenken, von der wir hoffen, dass Du in dieser Welt leben wirst.

Wie alle Eltern wollen wir, dass Du in einer Welt aufwächst, die besser ist als die Welt von heute.

Während die Schlagzeilen sich oft auf das fokussieren, was falsch läuft, wird die Welt in vielen Dingen besser. Die Gesundheit verbessert sich. Die Armut sinkt. Das Wissen wächst. Menschen vernetzen sich. Der technologische Fortschritt in allen Bereichen bedeutet, dass Dein Leben dramatisch besser sein sollte als unseres heute.

Wir werden unseren Teil dazu beitragen, dass dies geschehen wird, nicht nur, weil wir Dich lieben, sondern auch, weil wir eine moralische Verpflichtung gegenüber allen Kindern der kommenden Generation haben.

[...]

In Liebe,
Mom und Dad[41]

Dies ist der Anfang eines »offenen Briefes«, den Mark Zuckerberg nach der Geburt seiner Tochter Max am 1. De-

---

41 Zuckerberg (01.12.2015). Übersetzt vom Autor.

zember 2015 auf Facebook gepostet hat. Technologie setzt er in ihm gleich mit einem universellen Heilsbringer, der seiner Tochter und damit allen Kindern der Welt eine bessere Zukunft ermöglichen wird. Diese Segnungen werden von Mark Zuckerberg (mit)entwickelt und durch die Plattform Facebook zum Leben erweckt, wo sie allen Menschen zur Verfügung stehen. Durch Facebook wird die Welt folglich zu einem besseren Ort.

Mark Zuckerberg stellt sich hier weniger als Informatiker oder Programmierer und noch weniger als Vorstand eines börsennotierten Unternehmens dar, sondern als eine Art gottgesandtes Medium, als Auserwählter, der die Segnungen des digitalen Gottes zu den Menschen bringen soll und wird.

Keine Glaubensgemeinschaft kann ohne charismatische spirituelle Führer funktionieren. Und die Gründer von Facebook, Google, Tesla, Apple und Co. sind diese neuen Propheten des virtuellen Gottes »Internet«, der der digitalen Technologie innewohnt.

Jesus im Christentum, Mohammed im Islam, Siddhartha und der Dalai Lama im Buddhismus oder Krishna im Hinduismus waren die Auserwählten in den traditionellen Religionen, nun heißen sie Larry, Mark, Steve oder Elan. Sie profilieren und positionieren sich als Verkörperungen relevanter heiliger und gesegneter Tugenden und sehen sich als Vermittler zwischen den Menschen und dem neuen Gott. Sie haben einen Zugang zu einem Wissen und zu Informationen, der normalen Menschen versperrt bleibt. Sie sind die digitalen Propheten, die zwischen der digitalen Jenseitigkeit und der schnöden Diesseitigkeit vermitteln, indem sie Wissen und Informationen von dort zu den Menschen transportieren.

Analysiert man die Aussagen und Handlungen der Gründer und Unternehmenslenker von Apple, Facebook oder Google, so stellen sie sich nicht als Unternehmer dar, die Geld und Rendite mit einem Unternehmen erwirtschaften wollen; vielmehr scheint es den Gründern der Firmen des Silicon Valley darum zu gehen, einen wichtigen Beitrag für die Gesellschaft und die Welt als Ganzes zu leisten. Sie sehen sich eher als Berufene, als Auserwählte, die eine Mission erfüllen und wesentlich wichtigere Ziele verfolgen als wirtschaftlichen Erfolg. Der Kampf gegen tödliche Krankheiten, Blinde wieder sehend zu machen und Frieden auf Erden zu bringen – all dies sind die Aufgaben der von Gott gesandten oder auserwählten Menschen. Und die Gründer von Google und Co. scheinen die Fähigkeiten und das Wissen zu haben, diese Aufgabe zu erfüllen – zumindest kommunizieren sie dies immer und gern.

Bereits in den 1980er-Jahren verkündete Steve Jobs, dass es bei Apple nicht darum gehe, Computer zu bauen und zu verkaufen, sondern darum, eine Delle im Universum zu hinterlassen.[42] Die Lebenssituation der Menschheit solle durch seine Technologie verbessert werden. Steve Jobs verband dabei tatsächlich spirituelle Ziele mit den Errungenschaften der modernen Technologie und der Wissenschaft.

Sein Nachfolger als CEO von Apple, Tim Cook, erzählte vor Harvard-Absolventen, dass er bei Apple den Sinn des Lebens gefunden habe. Man müsse der Menschheit dienen, betonte er. Dieses Credo habe ihm Apple-Gründer Steve Jobs nahegelegt. Er habe nie einen anderen Führer mit einer solchen Leidenschaft getroffen oder eine Firma

42 Daniels (16.09.2016).

mit einer derart klaren und überzeugenden Aufgabe, nämlich der, der Menschheit zu dienen.[43]

Auch die Gründer von Google, Larry Page und Sergey Brin, begnügen sich nicht damit, eine Suchmaschine entwickelt zu haben, sondern haben ihre Mission benannt, alle Informationen der Welt zu organisieren und diese universell zugänglich und für jeden nützlich zu gestalten.[44] Aber selbst das war nur eine Phase: Heute geht es den Gründern darum, die Welt besser zu machen und die Lebensqualität der Menschen zu steigern. Um dieses Ziel zu erreichen, gründen und kaufen sie immer wieder neue Unternehmen, so wie 2016 das Unternehmen Calico (California Life Company), das das menschliche Altern verlangsamen will. Larry Page sagte dazu: »Wir greifen das Altern an, eines der größten Geheimnisse des Lebens.«[45]

Dies erscheint heute möglich, weil Google immer mehr von dem besitzt, was alles formt und aus dem heraus sich alles entwickelt: Information. Calico verfügt inzwischen über die DNA-Daten von mehr als einer Million Menschen, die diese freiwillig zur Verfügung gestellt haben.[46] Die Idee des Teilens verschmilzt so mit der Vision, die Welt zu einem besseren Ort zu machen.

Mark Zuckerberg erklärte bereits 2011 in einem Gespräch mit dem Journalisten Kirkpatrick, dass es ihm nicht darum gehe, ein Unternehmen aufzubauen, das Gewinn erwirtschafte, sondern darum, eine große Veränderung der Welt herbeizuführen.[47] Die einzige Antwort

---

43 Sokolov (11.06.2017).
44 Feloni (17.04.2015).
45 Schäfers (13.01.2016).
46 Ebd.
47 Kirkpatrick (16.05.2012).

auf die großen Fragen der Menschheit ist für ihn eine vernetzte digitale Technologie. So heißt es in dem Brief an seine Tochter von 2015 weiter: »Wenn wir uns vernetzen, können wir Hunderte von Millionen Menschen aus der Armut befreien und Millionen Leben retten.«[48] 2016 reiste Zuckerberg sogar zu einer Audienz zum Papst, um mit ihm darüber zu sprechen, wie die digitale Technologie zur Armutsbekämpfung eingesetzt werden kann,[49] und spendete im selben Jahr drei Milliarden Dollar an die mit seiner Frau gegründeten »Chan Zuckerberg Initiative«, die das Ziel hat, jede denkbare Krankheit mittelfristig zu besiegen.[50]

Völlig ausgeblendet bleiben dabei die negativen Seiten der neuen Technologien: Mobbing und Hasskommentare werden immer häufiger zu einem Problem in den sozialen Medien wie Facebook und Instagram (das zu Facebook gehört). 2017 gaben 42 % der Mädchen und 33 % der Jungen im Alter zwischen 12 und 19 Jahren an, jemanden zu kennen, der schon mal im Internet »fertiggemacht wurde«.[51] Es wird darüber hinweggesehen, wie viele radikale Gruppen Facebook nutzen, um ihre eigene Propaganda zu verbreiten,[52] und unerwähnt bleibt auch, wie viel Gewalt in Videos und Bildern über diese Plattformen verbreitet wird. Von alldem ist nicht die Rede, wenn die neuen spirituellen Führer über die Segnungen der digitalen Technologie sprechen.

48 Zuckerberg (01.12.2015).
49 o. V. (30.08.2016).
50 Jiménez (2016).
51 Mpfs (2017), S. 61.
52 Davydov (29.01.2018).

Unternehmensgründer wie Larry Page, Sergey Brin oder Mark Zuckerberg stellen sich als die neuen Propheten dar, die über Einblicke in die transzendente Welt verfügen und daher Kenntnisse über die Zukunft haben, die den normalen Nutzern verwehrt sind. Sie können über die momentanen negativen Effekte hinwegsehen, weil sie wissen, dass diese dank ihrer digitalen Angebote überwunden werden.

CRYING OUT LOUD – DIE RUFER IN DER DIGITALEN WELT / Um ein spiritueller Führer zu werden, scheint es fast unumgänglich zu sein, möglichst viele und möglichst unkonkrete Vorhersagen zu machen, zum Beispiel die, dass das Internet einst die großen Firmen leiden lassen wird und dass bald mehr Informationen produziert und verbreitet werden, als Menschen überhaupt aufnehmen können.[53] Steve Jobs formulierte diese Prophezeiung 1996, und sie wird oft als Beleg dafür angeführt, welche visionären Fähigkeiten er besaß. Und in der Tat ist diese Vorhersage im Vergleich mit anderen Aussagen, wie zum Beispiel die von Bill Gates, der 1993 sagte, dass das Internet nur ein Hype darstelle, zutreffend,[54] allerdings auch nicht besonders konkret, und es gab auch keine genaue Zeitangabe, wann dieser Effekt genau eintreten würde.

Wenn solche Vorhersagen jedoch eintreffen, dann belegt dies das eigene Auserwähltsein. Wie in allen Religionen dienen auch hier Prophezeiungen als eine Art Gottesbeweis. In ihnen wird eine transzendente Macht sichtbar, die für die Welt und die Menschen einen Plan hat, von dem bestimmte erwählte Menschen wissen

53 Wolf (02.01.1996).
54 o. V. (11.03.2014).

oder den sie durch ihre herausragenden Fähigkeiten erkennen und vorhersagen können. »Oikonomia« – so lautet der entsprechende ursprüngliche biblische Ausdruck hierfür. Und die digitale Ökonomie ist der Plan der virtuellen, von einem Menschen ab einem gewissen Zeitpunkt (Singularität) nicht mehr steuerbaren Macht (der KI) für die Welt.

Mit zutreffenden Prophezeiungen werden ihren Verkündern besondere visionäre Fähigkeiten zugesprochen, auf denen auch ihr Erfolg beruht. Schließt man sich nun diesen Propheten an, kann man selbst von deren Kenntnissen über die transzendente Welt profitieren.

Kein Wunder also, dass alle möglichen CEOS der Unternehmen aus der Technologiebranche und Gründer von Start-ups aus dem Silicon Valley immer wieder neue Vorhersagen treffen und verbreiten. Mark Zuckerberg behauptete 2016, dass es dank digitaler Technologien möglich sein werde, Gedanken durch Telepathie auszutauschen.[55] Elon Musk sagt Weltraumreisen voraus,[56] Jeff Bezos prophezeit, dass eines Tages eine Billion Menschen in unserem Sonnensystem, auch auf anderen Planeten, leben werden,[57] und der Chefingenieur von Google, Ray Kurzweil, nennt regelmäßig den Moment des Eintritts der Singularität.[58]

Dass sie mit ihren Vorhersagen oft danebenliegen, ist belegbar, wird aber meist ignoriert. Vor allem Steve Jobs schätzte einige Entwicklungen falsch ein. So zeigte er sich 2007 während der Präsentation des iPhones über-

55 Del Prado (02.07.2015).
56 Happel (20.05.2015).
57 o. V. (16.10.2018).
58 Wewetzer (22.02.2011).

zeugt davon, dass kein Mensch mit einem Stylus (einer Art Stift für das iPhone oder das iPad) die Geräte bedienen wolle: »Who wants a stylus? You have to get 'em, put 'em away, you lose 'em. Yuch! Nobody wants a stylus. So let's not use a stylus.«[59] Schon bald nach der Einführung aber wurden diese Stifte zu beliebten Zubehörverkäufen des iPhones und sind heute fester Bestandteil der iPad Pros. Auch in Bezug auf die Dominanz des iPads behielt Steve Jobs nicht recht, als er davon ausging, dass diese innerhalb weniger Jahre die wichtigste Computer-Kategorie werden würden: Seit 2013 ist der Umsatz mit iPads rückläufig und war 2017 genauso hoch wie 2011 – ein Jahr nach ihrer Einführung.[60] Auch mit seiner Vorhersage von 2007, als Jobs Reuters erklärte, dass das Abo-Modell für Musik gescheitert sei,[61] lag er daneben. Heute boomt die Streaming-Branche, und Apple selbst bietet mit Apple Music eine Musik-Streaming-Plattform an.

Dass die Menschen dennoch an die seherischen Fähigkeiten dieser »Auserwählten« glauben, liegt an zwei typisch menschlichen Wahrnehmungseffekten: Zum einen unterliegen einige dem sogenannten Rückschaufehler. Sie neigen dazu, sich im Rückblick eher an die richtigen Vorhersagen zu erinnern und die falschen bzw. die, die nicht eingetreten sind, zu ignorieren. Dieser Rückschaufehler tritt besonders bei Personen auf, die ein ausgeprägtes Bedürfnis nach einer geordneten Welt haben. Zum anderen profitieren die erfolgreichen Unternehmenslenker vom sogenannten Heiligenschein-Effekt

---

59 Singer (2018).

60 Apple (11.07.2018): Die Erlöse mit iPads bei Apple betrugen 2013 noch knapp 32 Milliarden Dollar, 2017 nur noch 19 Milliarden Dollar.

61 Martell (26.04.2007).

(Halo-Effekt). Hierbei schließt der Mensch unbewusst von einer positiven Eigenschaft eines Menschen auf alle anderen Eigenschaften desselben Menschen. Aus dem unternehmerischen Erfolg zum Beispiel von Steve Jobs wird auf überdurchschnittliche Fähigkeiten auch in anderen Bereichen geschlossen. Warum also nicht in Bezug auf prophetische Eigenschaften? So werden vorausschauende Fähigkeiten vor allem in Zeiten des Umbruchs charismatischen und erfolgreichen Personen mit Führungsanspruch zugesprochen.

Hinzu kommt ein selbstverstärkender Effekt: Treffen Personen, die sich oft und gerne in den Mittelpunkt stellen und so auch stärker von anderen wahrgenommen werden, viele Vorhersagen, von denen dann auch einige eintreffen, werden ihnen diese von ihren Anhängern besonders positiv ausgelegt, falsche Vorhersagen werden schlichtweg ignoriert.

WALK THIS WAY – DIE SINNSUCHE VON JOBS UND CO. / Ist der Glaube an die spirituelle Bedeutung der digitalen Technologie von den Unternehmenslenkern des Silicon Valley eigentlich gespielt oder glauben sie tatsächlich daran?

Anscheinend gibt es eine Verbindung zwischen der individuellen Sinnsuche der Gründer von Apple, Facebook und Google und ihrem Glauben, dass sich diese tatsächlich in der Entwicklung neuer Technologien ausdrückt bzw. ausdrücken lässt.

Eine wichtige Rolle spielt dabei die Hippiebewegung der 1970er-Jahre in der Bay Area – der Region rund um San Francisco, zu der auch Palo Alto und Cupertino gezählt werden.[62] Großen Einfluss auf das Weltbild der Hippiecommunity, zu der sich auch Steve Jobs zählte, hatten die Lehren des ehemaligen Harvard-Professors Richard Alpert, der 1963 entlassen worden war, nachdem er zusammen mit dem Entdecker von LSD, Timothy Leary, umstrittene Untersuchungen zur Wirkung der Droge durchgeführt hatte. Nach seiner Entlassung reiste Alpert 1967 nach Indien, konvertierte dort zum Hinduismus und lehrte fortan als Guru Ram Dass – was übersetzt »Diener Gottes« bedeutet – die Glaubensgrundsätze seines Gurus Neem Karoli Baba. Ein auf dessen Philosophie und dessen religiöser Weltanschauung basierendes, 1971 von Alpert veröffentlichtes Buch mit dem Titel »Be Here Now« avancierte zu einem Kultbuch in der Hippieszene von San Francisco.[63]

Steve Jobs war von dem Buch fasziniert und wollte zu dem Ort reisen, an dem Baba und Ram Dass lebten und lehrten. Diese Gelegenheit ergab sich 1974, als er von seinem damaligen Arbeitgeber ATARI (einem 1972 gegründeten Unterhaltungselektronik-Unternehmen für Videospiele) beruflich nach Deutschland geschickt wurde. Von dort reiste er weiter nach Indien, um das Ashram zu besuchen. Während seines Aufenthaltes im Ashram erkannte er, dass es nicht nur darum ging, Erleuchtung für sich selbst zu finden und über Spiritualität, Barmherzigkeit und Erleuchtung zu predigen: Die gepredigte Weltverbesserung muss auch in Produkte implementiert werden. Er begriff, dass große Ideen ohne technologische Umsetzung ebenso sinnlos sind wie Produkte ohne spirituelle Aufladung. Steve Jobs war überzeugt, »dass Thomas

62 Markoff (2006).
63 Garner (07.10.2010).

Edison vielleicht viel mehr getan hat, um die Welt zu verbessern, als Karl Marx und Neem Karoli Baba zusammen«.[64]

Insofern war Steve Jobs' vielleicht wichtigste Innovation weder der iPod noch das iPhone, sondern die Verbindung von Sinnsuche und Weltverbesserung mit der digitalen Technologie. Mit dieser »Beseelung der Technologie« scheint er eine ganze Generation von Informatikern, Hackern und Unternehmensgründern in der Bay Area beeinflusst zu haben – unter ihnen Mark Zuckerberg, für den Steve Jobs ein Mentor war.

Als sich nach der ersten rasanten Entwicklungsphase von Facebook Rückschläge einstellten und Mark Zuckerberg ein Kaufangebot für das Unternehmen erhielt, war er nach eigener Aussage[65] unentschlossen, was er tun sollte. Daraufhin folgte er dem Ratschlag von Steve Jobs und besuchte ebenfalls das Kainchi Ashram, um dort zu einer Entscheidung und neuen Erkenntnissen zu gelangen. Dieser Besuch soll Zuckerberg dabei geholfen haben, das Unternehmen nicht zu verkaufen, sondern eine Firmenphilosophie zu entwickeln, die über die bloße Entwicklung und den Betrieb einer Onlinecommunity hinausgehen sollte:[66] »Dort habe ich gesehen, wie sehr viel besser die Welt wäre, wenn sich die Menschen verbinden könnten. Das hat mich wieder daran erinnert, wie wichtig das ist, was wir bei Facebook machen.«[67] Technologie ist realisierte Ideologie.

---

64 Imbimbo (2009), S. 42. Neem Karoli Baba war ein spiritueller Führer des Hinduismus, den Steve Jobs ebenfalls in Indien aufsuchen wollte, der aber bei seiner Ankunft bereits verstorben war.

65 Spohr (2016).

66 Ebd.

67 Ebd. und original unter:
https://www.youtube.com/watch?v=Ngeaf_pJ_OY.

Das Ashram wurde auch von Larry Page und Jeffrey Skoll, Co-Founder von eBay, besucht, und Larry Brilliant, der heutige Chef von Google.org, war der Meinung, dass »jeder auf der Welt diesen Ort besuchen sollte«.[68]

Die Gründer der weltweit bekannten Firmen Apple, Facebook, Google und Co. sind also tatsächlich überzeugt von der Allmacht der Technik und der Möglichkeit, Frieden, Gesundheit und Glück für alle Menschen durch ihr Handeln zu schaffen. Es gibt einen religiös-ideologischen Überbau für ihr irdisch-unternehmerisches Handeln.

---

68 Einzusehen unter:
https://www.youtube.com/watch?v=Ngeaf_pJ_OY.

UND STEVE JOBS SAH, DASS ES GUT WAR – DIE MYTHEN UM DIE GRÜNDER AUS DEM HEILIGEN TAL

Wussten Sie, dass der Suchalgorithmus von Google eigentlich der Universität Stanford gehörte, von der das Unternehmen nur eine Lizenz erhalten hat, und auch heute Stanford noch Geld von Google erhält?[69] Oder dass in der Garage, in der Apple angeblich gegründet wurde, laut Aussage von Steve Wozniak, dem Mitgründer von Apple, nichts Wesentliches passiert ist?[70] Wussten Sie, dass iTunes, die Grundlage des Erfolgs des iPods, gekauft wurde oder dass Apple 2004 in Kooperation mit Motorola ein iTunes-Handy auf den Markt gebracht hat, das sich als Flop erwies?[71] Oder dass Steve Jobs die Idee zur Entwicklung einer grafischen Benutzeroberfläche weder geklaut noch als Einziger den Wert der Idee erkannt hat, sondern sich den Zugang zu dem Forschungslabor Xerox PARC mit viel Geld erkauft hat?[72]

Wenn Sie all das bisher nicht wussten, dann funktionieren zwei wesentliche Bausteine zur Etablierung der digitalen Ökonomie: die Verbreitung und die Akzeptanz von Mythen.

Die Erzählungen, die über Steve Jobs und Co. kursieren, unterscheiden sich dabei kaum von den religiösen Mythen wie über David und Goliath oder das Leben Jesu,

---

69 Der originale Vertrag zwischen Stanford und Google ist einzusehen unter:
https://contracts.onecle.com/google/stanford.lic.2003.10.13.shtml.

70 o. V. (05.12.2014).

71 Kubiv/Stagge (23.08.2012).

72 o. V. (o. D.).

und so sind zwei der stärksten Mythen der digitalen Religion der »Garagenmythos« und der »Genialitätsmythos«.

Folgt man den Erzählungen über Steve Jobs oder die Gründer von Google, Larry Page und Sergey Brin, dann waren sie unbedeutende Studenten oder Bastler, die in bescheidenen kleinen Garagen mit genialen Ideen und dem Wunsch, die Welt zu verbessern, gegen übermächtige Gegner antraten und diese schließlich zu Fall brachten. Dabei wurden sie zu Beginn von den »Goliaths« unterschätzt und von der Welt belächelt, bis sie schließlich durch den Sieg über ihre Gegner die Anerkennung der Welt erhielten, die sie von Beginn an verdient hatten. Endlich konnten sie ihre Botschaft in die Welt hinaustragen und so die Welt zu einem besseren Ort machen.

Dabei dient die Garage als die bildhafte Darstellung der Einfachheit und Bescheidenheit, aus der heraus überhebliche und uninspirierte Weltfirmen überwunden wurden. Bei Apple waren es die Gegner IBM und Hewlett-Packard, die durch drei Garagenbastler herausgefordert wurden, bei Google treten zwei Studenten gegen die überlegenen Suchmaschinen von Altavista, Fireball und Lycos an, um diese durch ihre bessere Technologie schließlich abzulösen und endlich alle Informationen der Menschheit zugänglich zu machen.

Diese Gründer und ihr Umfeld kommunizieren Mythen, um sich selbst zu erhöhen und als Auserwählte zu erscheinen. Steve Jobs selbst betonte in Interviews immer wieder, dass er und Steve Wozniak innerhalb von nur zehn Jahren Apple von einer Garage aus zu einem Milliarden-Dollar-Unternehmen entwickelt hätten.[73] Und auch um die Gründung von Google wurde ein Garagenmythos

---

73 Schmider (30.11.2013).

aufgebaut, der immer wieder gern von den etablierten Medien aufgegriffen wird. So titelte Spiegel Online: »Es begann in einer Garage – und wurde zur Weltmacht: Vor 18 Jahren wurde Google Inc. gegründet.«[74]

Allerdings ist dies eine recht starke Verkürzung und Vereinfachung der Geschichte. Tatsächlich basiert Google auf einem Teilprojekt innerhalb des Stanford Digital Library Projects, welches das Ziel hatte, Software-Algorithmen zu entwickeln, mit denen eine universelle digitale Bibliothek im Internet geschaffen werden kann.[75] Larry Page entwickelte im Rahmen seiner Doktorarbeit einen Algorithmus, den sogenannten PageRank, der dann von der Universität Stanford zum Patent angemeldet wurde. An der Entwicklung der ersten Version der Suchmaschine mit dem Namen Backrub waren weitere Studenten und Doktoranden von Stanford beteiligt, unter anderem Scott Hassan und Alan Steremberg.[76]

Die offizielle Geschichte auf der Website von Google aber zeigt ein Bild, auf dem Larry Page und Sergey Brin in einer mit Computerbauteilen und PCs vollgestellten Garage zu sehen sind. Darunter steht: »Unsere Unternehmensgeschichte: Von der Garage zum Googleplex«.[77] Hier wird aus einem komplexen und großen Universitätsprojekt mit vielen Beteiligten ein Zwei-Mann-Studentenprojekt, bei dem Larry Page und Sergey Brin in einer Garage eine neuartige und überlegene Suchmaschine entwickelten, die schließlich zu der weltweit meistgenutzten Suchmaschine wurde.

74 Roth (27.09.2016).

75 Orenstein (2011).

76 Räth (27.03.2013).

77 Zu lesen unter: https://www.google.com/intl/de/about/our-story/.

Der Umzug in die Garage fand dabei schon vor der Gründung von Google während des studentischen Projektes statt, nämlich 1997, als für das Suchmaschinenprojekt größere Serverkapazitäten benötigt wurden: Eine leerstehende Garage einer Kommilitonin wurde für das Projekt genutzt.

Und auch beim Startkapital wird auf der Seite von Google die Investitionssumme reduziert: Statt der 1,1 Millionen Dollar starken Finanzierung, mit der Google gestartet war, wird auf den Google-Seiten nur eine Finanzierung von 100.000 Dollar genannt.

Seinen eigenen Genialitätsmythos etablierte Steve Jobs unter anderem dadurch, dass er behauptete, innerhalb weniger Augenblicke die Bedeutung der PC-Mouse und der grafischen Benutzeroberfläche erkannt zu haben – im Gegensatz zu den Entwicklern und Forschern von Xerox PARC: »Als ich 1979 ins Xerox PARC ging, sah ich eine sehr rudimentäre grafische Benutzeroberfläche. Sie war weder vollständig noch fehlerfrei. Aber innerhalb von zehn Minuten wurde mir klar, dass eines Tages jeder Computer auf der ganzen Welt auf diese Art und Weise funktionieren würde.«[78]

Zahlreiche Hersteller arbeiteten damals an der Umsetzung der grafischen Benutzeroberfläche, die Apple schließlich am besten kommerzialisierte. Die Entwickler innerhalb des Forschungslabors Xerox PARC wussten um den Wert ihrer Entwicklungen und zeigten diese Steve Jobs nicht freiwillig: Steve Jobs zahlte viel Geld für den Zugang zu Xerox PARC.

Apple hatte Mitte der 1970er-Jahre bereits mit eigenen Computern ein gehyptes Technologie-Start-up etabliert.

---

78 o. V. (12/2016).

Mit dem Apple II war es gelungen, einen ersten Massenmarkt für Personal Computer zu erschließen. Der Erfolg veranlasste immer mehr Wettbewerber, ebenfalls in den Markt einzutreten, und Apple brauchte neue Ideen, um sich weiterhin als Innovationsführer im Segment der PCS zu positionieren. Direkt um die Ecke von Apple in Palo Alto war das Xerox-PARC-Labor ansässig, welches durch bahnbrechende Entwicklungen im Bereich der Computertechnologie bereits die Aufmerksamkeit in der Branche geweckt hatte. Schon 1973 hatte Xerox einen Computer (den Xerox Alto) mit grafischer Benutzeroberfläche auf den Markt gebracht, der allerdings wirtschaftlich nicht besonders erfolgreich war.

Steve Jobs wandte sich an das Management der Firma in Connecticut, das im Osten der USA lag und damit weit weg von diesem Innovationslabor. Beim Management vorstellig geworden, erkaufte sich Steve Jobs den Zugang zu Xerox PARC, indem er Xerox noch vor dem mit Spannung erwarteten Börsengang von Apple 100.000 Aktien für eine Million US-Dollar, also für zehn Dollar pro Aktie, anbot. Da aus Sicht der Manager (nicht der Entwickler) die eigenen Technologien und Ideen nur geringen Wert für das Kerngeschäft der Kopierer von Xerox hatten und zu diesem Zeitpunkt die Aktie schon mit 22 Dollar gezeichnet war, akzeptierte das Management den Deal: Steve Jobs und den Mitarbeitern von Apple wurde daraufhin ausführlich das Konzept der grafischen Benutzeroberfläche präsentiert.[79]

Steve Jobs übernahm viele Ideen von Xerox PARC und stellte vor allem einige der Entwickler aus dem dortigen Team bei Apple ein, um diese neue Oberfläche ent-

79 Hoffmeister (2013), S. 63 f.

wickeln zu lassen. Insgesamt kostete Apple neben dem Verkauf der eine Million Aktien zu einem Bruchteil des späteren Börsenwertes (tatsächlich über 17 Millionen Dollar – ein Wertzuwachs von 16 Millionen Dollar für einen Besuch von nur wenigen Stunden) die Entwicklung der grafischen Benutzeroberfläche für den Mac noch einmal knapp 50 Millionen Dollar. Die Entwicklung dauerte insgesamt fast vier Jahre.

Verkürzt wird daraus die Geschichte, dass Steve Jobs etwas innerhalb von Sekunden erkannte, was alle anderen nicht gesehen hätten, und als Einziger begriff, dass man daraus einen Computer bauen kann, der die Welt revolutionieren wird. Auf dieser Legende basiert der Genialitätsmythos von Steve Jobs, dem später auch die »Neuerfindung« des MP3-Players mit dem iPod und die Neuerfindung des Smartphones mit dem iPhone zugeschrieben wurde.

Dieser Mythos ist bis heute so stark, dass angeblich fallende Gewinne von Apple auf die fehlende Genialität von Steve Jobs zurückgeführt werden. So schrieb der Wirtschaftsredakteur Hamann im November 2012 in der ZEIT: »Apple ist nicht mehr innovativ. Und vergrätzt einen Fan.«[80] Die Süddeutsche Zeitung titelte am 12.11.2015: »Apple fehlen die Innovationen.«[81] Um Tim Cook, den derzeitigen CEO von Apple, gibt es eben keine Mythologie, und da helfen auch alle Fakten, die das Gegenteil belegen könnten – 2018 erreichte Apple ein Umsatz- und Gewinnrekordniveau[82] –, wenig.

80 Hamann (08.11.2012).
81 Boie (12.11.2015).
82 Apple (o. D.).

Der Garagen- und der Genialitätsmythos schaffen eine starke Identifikation der Menschen mit den Gründern und damit mit den Unternehmen, denn dieser Mythos gibt ihnen die Hoffnung, dass es möglich sei, ohne Kapital etwas Großes zu schaffen – nur mit guten Ideen und Fleiß. Gleichzeitig erzählen diese Mythen etwas über Gerechtigkeit in einer ungleich verteilten Wirtschaftswelt: Hochmut und Eitelkeit bringen am Ende die großen Unternehmen, die Goliaths der Wirtschaftswelt, zu Fall, und nicht Herkunft oder finanzielle Mittel entscheiden über den eigenen Erfolg, sondern allein die Kreativität, die harte Arbeit und der Wille, etwas Großes zu leisten.

Damit schafft der moderne Mythos ein starkes narratives Gerüst, das viele Menschen implizit verstehen, emotional nachvollziehen und an das sie somit glauben können. Kein Wunder, dass sich auch Hollywood gern dieser Mythen bedient und sie in Filmen reproduziert: So erzählt »The Social Network« von der Entstehung von Facebook und Filme wie »Jobs« oder »iSteve« thematisieren das Leben von Steve Jobs.

DER ANGEBISSENE APFEL UND DAS KREUZ VON FACEBOOK – DIE NEUEN RELIGIÖSEN SYMBOLE DER DIGITALEN UNTERNEHMEN

Unternehmen aus dem Silicon Valley verwenden gern symbolisch vorinterpretierte Logos – anders als dies zum Beispiel traditionelle deutsche Unternehmen wie BMW, VW, Siemens oder Axel Springer taten und tun. Da die meisten Produkte und Leistungen dieser Anbieter immaterieller Natur sind, spielen emotional aufladbare Markenlogos oder bereits aufgeladene Symbole eine zentrale Rolle in ihrer Markenkommunikation. Kann man bei einem Auto oder einem Kleidungsstück seine Gefühle auf etwas Greifbares und haptisch Existentes projizieren, so ist dies bei einem Angebot von Facebook ebenso wenig möglich wie bei Leistungen von Google oder Amazon.

Symbole spielen zwar auch in anderen gesellschaftlichen Kontexten eine bedeutende Rolle, aber gerade bei den besonders erfolgreichen Unternehmen der digitalen Welt scheinen Symbole unbewusst oder bewusst stark an religiöse Symbole angelehnt zu sein, vor allem, um deren Vorinterpretation für die eigenen unternehmerischen Ziele nutzen zu können.

Apple hat sowohl den Namen als auch das Logo des Apfels gewählt, und der Apfel hat nun einmal in zahlreichen Mythologien und Religionen eine ganz besondere Bedeutung. Zum einen steht der angebissene Apfel in der christlichen Religion für die Vertreibung des Menschen aus dem Paradies – allerdings nachdem er zuvor vom Baum der Erkenntnis gekostet hat. Zum anderen spannt der fallende Apfel den Bogen zu genialen wissenschaftlichen Einfällen. So hat angeblich ein (fallender) Apfel Newton auf die Idee der Schwerkraft gebracht.

So passt dieses Symbol perfekt zu der Dualität der digitalen Technologie: Sie ist wissenschaftlich fundiert und bringt damit dem Menschen Erkenntnis, zugleich verzaubert die digitale Technologie den Menschen wieder, weil er immer weniger versteht, wie die Softwarealgorithmen sein Leben wirklich beherrschen und steuern.

Und auch in der griechischen Mythologie spielt der Apfel immer wieder eine zentrale Rolle: Paris, der Sohn des trojanischen Königs Priamos, schenkte der Liebesgöttin Aphrodite einen goldenen Apfel, der symbolisieren sollte, dass sie die schönste Göttin von allen sei; Herakles wiederum entreißt dem Drachen Ladon den Apfel, um eine der zwölf Arbeiten zu verrichten, die ihm der König Eurystheus auferlegt hat. Und selbst in volkstümlichen Märchen wie etwa bei »Schneewittchen« ist der Apfel zu finden: Schneewittchen beißt in einen vergifteten Apfel, der zu ihrem Tode führt, aus dem der Kuss des Prinzen sie wiedererweckt.

Das Logo bietet, gewollt oder ungewollt, eine extrem gute Projektionsfläche für symbolische Interpretationen und damit für eine emotionale Hinwendung zu dem Logo. So gut, dass bei Menschen, die von Apple begeistert sind und das Logo sehen, die gleichen Hirnareale aktiviert werden wie bei gläubigen Menschen, die ein Symbol ihrer Glaubensgemeinschaft, zum Beispiel das Kreuz, betrachten.[83] Die Marke »Apple« löst also bei ihren Anhängern tatsächlich religiöse Gefühle aus.

Anders als bei Apple hat der Name von Facebook nichts mit einer religiösen Symbolik zu tun, aber sieht man sich das Logo an, sind durchaus Anleihen bei zwei sehr bekannten christlichen Symbolen zu erkennen, auch wenn das ganz schlichte kleine f zunächst wenig religiös oder christlich anmutet.[84]

Das Logo lehnt sich an zwei Kreuzformen des Christentums an: zum einen an das sogenannte Christusmonogramm, welches für die abgekürzte Bezeichnung des Namens »Christi« im griechischen Alphabet steht. Dabei steht das x (griech. »Chi«) für das CH, das P steht im Griechischen für das R – zusammen die ersten beiden Buchstaben des griechischen Wortes für Christus. In einer Variante davon wird das P mitten in ein gedrehtes und damit stehendes x hineingesetzt, so wird ein PX zu einer Kreuzform. Schneidet man etwas von dem P ab, kommt exakt das f von »Facebook« heraus. Zum anderen sind Ähnlichkeiten zum Kreuz der russisch-orthodoxen Kirche zu erkennen, das aus drei Querbalken besteht. Der dritte Querbalken hat abgeschrägte Kanten, und im Logo

83 In einem Experiment für die BBC zeigten Hirnforscher dem Autor und Apple-Fan Alex Brook Bilder diverser Markenprodukte, unter anderem von Apple. Die Reaktionen seines Gehirns auf die einzelnen Bilder wurden mittels Magnetresonanztomografie aufgezeichnet und mit der Hirntätigkeit von religiösen Menschen verglichen, denen heilige Symbole ihrer Religion gezeigt wurden. Und siehe da: Im Gehirn von Brooks wurden die gleichen Hirnareale stimuliert wie bei den religiösen Probanden. Einzusehen unter: https://www.bbc.co.uk/programmes/b011cr8h.

84 Eine visuelle Darstellung der Herleitung vom Christusmonogramm zum Facebook-Logo ist zu finden unter: http://www.digital-religion.de/home/der-angebissene-apfel-und-das-kreuz-von-facebook-die-neuen-religiösen-symbole-der-digitalen-untern.

von Facebook erkennt man, dass der Querstrich beim f genauso geformt ist. Das Logo von Facebook bietet eine Nähe zu einer christlichen Symbolik und schafft so eine vorinterpretierte unbewusste Interpretationsfläche. Und die Menschen können auf dieses neue »Kreuz« genauso ihre Verehrung, Hoffnungen und Wünsche richten wie auf das Kreuz im Christentum.

Ist es bei Facebook das Logo, so ist bei Google der Unternehmensname stark symbolisch aufgeladen und weist eine gewisse Nähe zu religiösen Symboliken auf. Googles Vision, alle Informationen der Welt zu sammeln und jedem zugänglich zu machen, drückt sich in der Abwandlung des englischen Begriffs Googol aus. Dieser beschreibt die Zahl 10^{100}, also eine Eins mit hundert Nullen. Diese Zahl ist deutlich größer als die Anzahl der Protonen im sichtbaren Universum.[85] Zugleich repräsentieren in der digitalen Welt die Ziffern Eins und Null Informationen in ihrer binären Form. Google als Unternehmen will all diese Informationen sammeln, zusammenfassen, aufbereiten und den Menschen wieder zur Verfügung stellen. Die Unternehmensvision von Google beschreibt damit eine der Funktionen von Klöstern des Mittelalters. Es ging damals wie heute um eine ideologische Interpretation der Welt durch das Sammeln und Aufbereiten von Informationen. Auch die Umfirmierung von Google hin zu Alphabet Inc. kann als eine Art Mischung aus informatischen und religiösen Konzepten angesehen werden.

Zum einen basiert jede informatische Lösung und auch jede Software auf einem Alphabet, also auf einer Menge voneinander unterscheidbarer Zeichen, die gemessen und erfasst werden können. Zum anderen geht

85 Wikipedia: Stichwort »Googol«

es dem Unternehmen Alphabet Inc. darum, die ganze Welt und das Universum als ein Alphabet zu begreifen, das aus einer Menge von Zeichen besteht, die am Ende in Nullen und Einsen transferiert werden können und so von Computern erfasst, gespeichert, berechnet und wiederum verbreitet werden. Information ist das Letztelement von allem. In Information offenbart sich all unser Wissen und auch unser Sein, ganz so, wie es auch in der Bibel steht: »Im Anfang war das Wort, und das Wort war bei Gott, und Gott war das Wort.«[86]

Ob gewollt oder nicht – das Assoziationspotenzial der Unternehmenslogos und -namen mit religiöser Ursprungsmythologie ist hoch und hilft, dass ähnliche Gefühle auf die Marken übertragen und so wiederum die Logos verehrt werden können. Apple, Google oder Facebook sind eben mehr als Labels auf Websites oder Produkte wie das iPhone. Es sind heilige Symbole.

86 1. Mose 1,1.

NOOGLER – DIE RITUELLEN SYSTEME VON GOOGLE INC. UND CO.

Ritualisierung spielt bei der Schaffung von Kollektivität eine ebenso bedeutende Rolle wie für die Erschaffung von Symbolen. Kein Wunder also, dass Rituale nicht nur im religiösen Kontext überall zu finden sind, sondern auch bei den bedeutenden Unternehmen des Silicon Valley. Diese haben ein komplexes, umfassendes und strenges rituelles System etabliert, das dem traditioneller Religionen in nichts nachsteht, angefangen bei den großen rituellen und wiederkehrenden Festen bis hin zu der strengen Ritualisierung des Alltags der Mitarbeiter.

D-MAS – DIE NEUEN FEIERTAGE DER DIGITALEN COMMUNITY / Apple, Google oder Facebook zelebrieren jedes Jahr ihre neuen Produkte, Softwarefeatures und digitalen Angebote in aufwendig gestalteten und inszenierten Events. Angesichts der Tatsache, dass Unternehmen wie Google oder Facebook rein immaterielle Produkte vorstellen, mag es erstaunen, dass überhaupt derart große Events abgehalten werden. Aber wie in den traditionellen Religionen sind es die großen Feiertage und deren rituelle Begehung, die eine Glaubensgemeinschaft als Ganzes sichtbar und erkennbar werden lassen. Darum werden diese Events streng durchritualisiert. Besondere Bedeutung erhalten dabei die neuen Adventszeiten. Steht der Advent in der christlichen Lehre für die Ankunft des Herrn, aus dem lateinischen »adventus Domini«, und beschreibt die Zeit direkt vor Jesu Geburt, inszenieren Unternehmen wie Apple, Google und Facebook jedes Jahr aufwendige Veranstaltungen, die die Geburt ihrer neuen

Errungenschaften, welche als Segnungen für die Welt gesehen werden, zelebrieren.

Bei Apple ist es vor allem die WWDC (Worldwide Developers Conference), bei der sich die Entwicklergemeinde von Apple versammelt, neue Softwarereleases und Produkte feiert und den Errungenschaften der letzten Releases huldigt. Bei Facebook versammelt sich die Entwicklercommunity einmal im Jahr bei den sogenannten F8-Events. Bei Google sind es die ebenfalls jährlich stattfindenden I/O-Konferenzen, bei denen aus der ganzen Welt die »Gläubigen« zusammenkommen, um bei den Vorstellungen neuer Anwendungen live dabei zu sein. Die Teilnahme ist so begehrt, dass die Tickets für dieses Event stets innerhalb weniger Minuten ausverkauft sind.[87] Dabei muss man sich um die Plätze, die für den »normalen« Besucher über 1.000 Dollar kosten, bewerben – und das alles für eine reine Produktvorstellung!

Google verstärkt den Kult um dieses Event noch zusätzlich und verkündet den Termin der Konferenz nicht einfach nur, sondern stellt ein Rätsel online, dessen Lösung die Details enthüllt. Wie bei der Adventszeit im Christentum wird die Ankunft der neuen Produkte vorbereitet: Die Gemeinde soll gespannt auf die Enthüllung warten und sich vorbereiten können. Und wenn sich auch die genauen Termine verschieben, so sind diese Events doch verlässlich und schaffen ein Vertrauen in die Zukunft der Menschen. Solange es ein neues iPhone gibt, solange Google neue Software und Produkte veröffentlicht und Facebook neue Features, ist die Welt zuverlässig und fällt nicht ins Chaos.

87 Greif (02.03.2016).

Ziel all dieser Events der Unternehmen des Silicon Valley ist die Schaffung von Kollektivität bei einer der wichtigsten Zielgruppen dieser Unternehmen: den Entwicklern. Denn diese sind es letztlich, die die Programmiersprache der Unternehmen (im wahrsten Sinne des Wortes) verbreiten und umsetzen. Developer können somit als so etwas wie moderne Wanderprediger gesehen werden, die die Botschaft tatsächlich in Programmiersprache transferieren und so den Usern durch neue Anwendungen verkünden: Die Erlösung dank der neuen Features von Apple, Google, Facebook und Co. ist nah.

NACH DEM ESSEN SOLLST DU RUHN … – DAS RITUALISIERTE LEBEN IN DEN NEUEN KLÖSTERN DES SILICON VALLEY / Auch auf anderen Ebenen haben die Unternehmen strenge Rituale eingeführt, die innerhalb der Organisation kollektivierend und normgebend wirken sollen. Dadurch wird eine starke Unternehmenskultur geschaffen, und aus Organisationen, bestehend aus Mitarbeitern, wird eine Glaubensgemeinschaft. Der Konformitätszwang innerhalb der Gemeinschaft wird verschärft. Eine besondere Rolle nehmen dabei die Initiations- und Übergangsriten ein, die eine hohe Identifikation mit der Gruppe ermöglichen, weshalb sie gerade bei Facebook, Google und Co. zu finden sind.

Ein Übergangsritual bei Facebook ist der sogenannte Faceversary. So wird der erste Arbeitstag eines Mitarbeiters von Facebook bezeichnet, der dann jedes Jahr gefeiert wird. Dabei werden dem Mitarbeiter blaue Luftballons an den Arbeitsplatz gebunden, und er wird mit einem Glückwunsch-Post auf Facebook bedacht. Die CEO Sheryl Sandberg postet ihren Faceversary ebenso regelmäßig auf Facebook, wie dies die anderen Mitarbeiter tun. Am ersten Arbeitstag bekommen alle Mitarbeiter zudem ein blaues Facebook-Shirt geschenkt, das der Mitarbeiter an diesem Tag tragen muss, als sichtbares Zeichen dafür, dass er ein neues Mitglied der Gemeinschaft ist.

Nach dem ersten Arbeitstag durchlaufen Entwickler bei Facebook ein sechswöchiges »Bootcamp«, an dessen Ende eine Abschlussprüfung bestanden werden muss. Denn nur einige Auserwählte finden wirklich Einlass in das neue Arbeitsparadies. Erst im Anschluss daran stoßen die Mitarbeiter zu ihren eigentlichen Teams und Abteilungen hinzu. Auch dies stellt eine Form eines Initiationsrituals dar.

Um Facebook als Gemeinschaft zusammenzuhalten, gibt es jährlich im Frühling einen sogenannten Game Day. An diesem Tag treten Facebook-Teams in zahlreichen Spielen gegeneinander an.[88]

Jeden Freitagnachmittag gibt es eine Fragerunde mit Mark Zuckerberg, bei der alle Mitarbeiter Fragen an ihn stellen können. Manchmal holt er langjährige Mitarbeiter auf die Bühne, damit diese ihre schönsten Momente bei Facebook mit den Zuhörern teilen können.

Vergleicht man diese Ritualisierungen und die starke Strukturierung des Arbeitslebens bei Facebook mit den Riten und Abläufen in Klöstern, erkennt man starke Parallelen der Konzepte. Anscheinend hat Mark Zuckerberg die Reise in das indische Klosterleben tatsächlich die Augen dafür geöffnet, wie aus einfachen Mitarbeitern strenggläubige Anhänger werden können.

Google hat sein Unternehmen ebenso durchritualisiert. Hier werden neue Mitarbeiter »Noogler« genannt. Sie erhalten eine Mütze in Unternehmensfarben mit einem

---

88 Stone (07.05.2015).

oben angebrachten Propeller. Diese Mütze müssen sie bis zu ihrer ersten Teilnahme an dem wöchentlich stattfindenden TGIF (Thank God It's Friday)-Meeting tragen. Die Mütze signalisiert: Aus einem Nicht-Google-Mitarbeiter wird in den nächsten Tagen ein neuer Kollege, ein Neugoogler oder eben ein »Noogler«. Der Prozess dieser »Geburt« ist am Ende der ersten Woche abgeschlossen – ein ganz typisches Initiationsritual.

Während die Wochen mit dem TGIF-Meeting enden, beginnen sie am Montag direkt mit dem All-Hands-Meeting. Hierbei werden alle Mitarbeiter von einem der CEOs über die neuesten Entwicklungen von Google informiert, und die Mitarbeiter können Fragen an das Management stellen. Es gibt so gut wie keinen Unterschied zu den gemeinsamen Morgen- und Abendgebeten in einem Kloster und zu den Fürbitten am Ende eines Gottesdienstes, denn es handelt sich um die Übernahme dieser Konzepte aus den Klöstern des Mittelalters.

Google und Facebook haben durch die Ritualisierung des Arbeitsalltags andere Ordnungsprinzipien etabliert, als dies in den traditionellen Firmen der Fall ist. Dadurch entsteht eine Art neue Arbeitszeit und ein neuer Arbeitsrhythmus.

Dem entspricht die Ritualisierung des Arbeitslebens der Unternehmen des Silicon Valley: Nichts ist an Ort und Zeit gebunden, jeder kann überall arbeiten, aber alle sind durch ein starkes gemeinschaftliches Netzwerk verbunden – wie das Internet im Prinzip auch: Es ist immer verfügbar, ort- und zeitlos, ewig, aber doch verlässlich.

Mark Zuckerberg nennt die eigene Unternehmenskultur den »Hacker Way«. In einem Brief an potenzielle Investoren anlässlich des Börsengangs 2012 erklärte er, dass es dabei nicht um Hacken im negativen Sinne des

Einbrechens in fremde Computersysteme gehe, sondern darum, die Kultur des schnellen Entwickelns von Lösungen und des schnellen Testens dieser zu etablieren und in die Welt zu tragen, um einen positiven Beitrag zu dieser zu leisten. »Hacken« steht dabei für eine Kultur, sich »ein System zu erschließen und es nach den eigenen Vorstellungen zu ändern«.[89]

Diese neuen Organisations- und Kulturprinzipien sollen in die Welt hinausgetragen werden, wo andere Unternehmen sie als überlegene Form der Organisation und der Unternehmenskultur begreifen werden.

GOOGLEPLEX – DIE POSTMODERNEN KLÖSTER DER DIGITALEN RELIGION / Nicht nur bei der Strukturierung des Arbeitslebens, sondern auch bei der Gestaltung ihrer Unternehmenszentralen orientieren sich die Firmen des Silicon Valley an den Klöstern des Mittelalters. Bei genauer Betrachtung und Analyse finden sich eindeutige und nicht zu übersehende bauliche, konzeptionelle und strukturelle Parallelen zwischen Klöstern und den Unternehmen.

In einem Kloster geht es darum, ein Gott gewidmetes Leben im Einklang mit Gleichgesinnten zu leben. Dazu werden die Klöster baulich von ihrer Umgebung getrennt, und es ist möglich, in einem Kloster autark von dem Leben und den Dienstleistungen außerhalb der Klostermauern zu leben. Dazu wurden Ackerbau und Viehzucht betrieben. Es gab eine eigenständige Infrastruktur für den Erhalt des unabhängigen Lebens: Brunnen, Werkstätten, Küchen, Wäschereien. Alle notwendigen Arbeiten wurden innerhalb des Klosters erledigt.

89 o. V. (01.02.2012).

Die Trennung des Lebens von den normalen Gesellschaftsstrukturen sollte die Mönche oder Nonnen von den Verpflichtungen und Bindungen außerhalb der Klostermauern lösen. Die dort bestehenden Ordnungen und Strukturen sowie die gesellschaftlichen Regeln und Systeme verloren ihre Gültigkeit, und so war Platz für die innovativen Konzepte und Ideen der inneren Kloster- und Glaubensgemeinschaft. Das oberste Ziel war es, ein Gott und der Glaubensgemeinschaft gewidmetes Leben zu führen und dieses dann als neues Ordnungsprinzip in die Welt zu bringen. Die Mönche waren dabei Entdecker, Entwickler und »Test User« in einem.

Besondere Bedeutung kam dabei der Suche nach Legitimation dieser neuen Ordnungsprinzipien bei. Es reichte nicht, neue Regeln aufzustellen und danach zu leben. So wurde in den Schreibwerkstätten und Bibliotheken der Klöster Wissen über Gott, das Jenseits und die Welt gesammelt und geordnet. Aus diesen Wissensspeichern leiteten sich die neuen Lebens- und Gesellschaftskonzepte ab. Damit waren Klöster über viele Jahrhunderte die einzigen Orte des Wissens und zugleich eine Art Informationsfilter, über den die gewonnenen Erkenntnisse zu den Menschen außerhalb der Klostermauern gebracht wurden. So entstand eine von der Kirche steuerbare Weltdeutung, die auf die Gesellschaft als Ganzes einwirkte.[90]

Zusammen mit dem gesammelten Wissen bot das abgeschlossene Klosterleben Raum für Innovationen: Die Grundlagen für Rechenmaschinen, wichtige Erkenntnisse über die Hydraulik, Medizin[91] ebenso wie moderne Uhren

---

90 Mellville et al. (2014), S. 7.
91 Ebd., S. 337.

und Lesebrillen – all dies haben die Menschen den Klöstern zu verdanken.

Apple, Google oder Facebook wirken fast wie Kopien dieser alten Organisationen. In der Beschreibung dessen, was Mark Zuckerberg über das 2015 eröffnete, neue Headquarter von Facebook in Menlo Park sagte, ist die Nähe zu den Klostergemeinschaften unüberlesbar: »Our goal was to create the perfect engineering space for our teams to work together. We wanted our space to create the same sense of community and connection among our teams that we try to enable with our services across the world.«[92]

Es geht ihm um die Herstellung einer Gemeinschaft, die sich in den Dienst eines Zieles stellt. Die Ideen und Konzepte, die in der Unternehmenszentrale entwickelt werden, sollen sich in der ganzen Welt verbreiten und so eine neue Ordnung im Sinne des Glaubenssystems von Facebook etablieren. Ähnlich wie das Kloster ist die Unternehmenszentrale ein Abbild der idealen Welt im Kleinen.

In den Zentralen von Google, Facebook oder Apple soll das Leben und Arbeiten komplett miteinander vereint werden. Niemand muss den Campus der Unternehmen verlassen, man kann sein gesamtes Leben auf dem Gelände verbringen. Schlafen, Essen, Sport, Entspannung, Zusammenkunft, Austausch – alles ist möglich. Und so drehen sich die Beschreibungen der Unternehmen auch nicht um die Büros im engeren Sinne, sondern um das Konzept einer neuen Lebenswelt.

Der deutsche Philosoph Jürgen Habermas sprach einst davon, dass es in der Moderne immer stärker dazu komme, dass die Lebenswelten der Menschen von Sys-

92 Fiegermann (2015).

temen (wie Unternehmen) kolonialisiert würden[93] und damit der private Rückzugsraum von Menschen immer stärker eingeengt werde. In diesem Sinne sind die Lebenswelten der Mitarbeiter von Google oder Facebook nicht mehr von den Systemwelten der Unternehmen zu trennen. Alles verschwimmt, und die Mitarbeiter gehen als moderne Mönche in den extra für sie geschaffenen zeitlich und räumlich vereinten Sphären auf. Ihnen soll ermöglicht werden, zu jeder Zeit und an jedem Ort zu arbeiten.

Auf dem Google-Campus finden sich Schwimmbäder, eine Sporthalle, Wäschereien und Einrichtungen zur kompletten autonomen Versorgung, wie zum Beispiel ein Solarpark zur Stromerzeugung oder Gemüsegärten.[94] Bei Facebook gibt es auf einer Dachterrasse große Schaukeln, die zum Verweilen und zu Meetings einladen, und Räume, in denen Entertainment-Equipment wie Videospiele zur Verfügung stehen. Schachtische oder Tischtennisplatten, Basketballfelder und Fußballplätze sowie weitere Sporteinrichtungen können von den Mitarbeitern jederzeit genutzt werden.

Diese Zentralen sind komplett von der Außenwelt abgeschirmt, und alle genannten Firmen haben eigene Sicherheitsdienste. Es ist nicht einmal möglich, zur Anmeldung zu gelangen, wenn man nicht auf der Liste eines Wachmannes vor dem Eingang steht. Facebook hat sogar eine eigene Verkehrspolizei, die den Autoverkehr vor dem Gebäude regelt.

In diesen neuen, von der Welt abgeschirmten Sphären sollen Innovationen entwickelt und anschließend

93 Habermas (1981), S. 521.
94 Hedemann (2012).

zusammen mit neuen Ordnungsentwürfen in die Welt außerhalb der eigenen Unternehmenszentralen gebracht werden.

In den Medien macht dies nun immer häufiger unter dem Schlagwort »Arbeitswelt 4.0« die Runde. Zusammengefasst sind damit neue Arbeitsweisen, neue Organisationskonzepte von Unternehmen und die Gestaltung neuer Arbeitsprozesse sowie deren Realisierung durch Softwareautomation und künstliche Intelligenz auf Basis der digitalen Technologie gemeint, wie sie bei Google und anderen Unternehmen aus dem Valley eingesetzt und erfolgreich angewandt werden. Die Arbeitswelt 4.0 stellt also ein neues, übergeordnetes Ordnungsprinzip dar, innerhalb dessen die Konzepte und Technologien der Unternehmen aus dem Silicon Valley übernommen werden. Dadurch sammeln die Unternehmen wiederum Wissen und Informationen und können so die Gesellschaft besser steuern und festlegen, welche Informationen und welches Wissen wem zur Verfügung gestellt werden soll.

Der Erfolg scheint den Unternehmen recht zu geben, und immer häufiger wird dieses Konzept des neuen Arbeitens von anderen Unternehmen übernommen.

DU SOLLST KEINE ANDERE SUCHMASCHINE HABEN NEBEN MIR — DIE NEUEN GEBOTE DER DIGITALEN GLAUBENSGE- MEINSCHAFTEN

Glaubensgrundsätze und Verhaltensnormen sind ein zentrales Element religiöser Gemeinschaften. Gebote und Verbote legen die Grundsätze für das Handeln des Einzelnen fest und richten dieses auf das höhere gemeinsame Ziel aus. So leben buddhistische Mönche nach den Zehn-Sitten-Regeln oder Juden und Christen nach den Zehn Geboten. Diese bilden die Basis für die Verhaltenskonformität der Gläubigen, und je mehr Menschen sich an sie halten, umso stärker wird die Verhaltenskonformität auch über Länder und Kulturkreise hinweg.

Google und Facebook haben jeweils ihre eigenen Glaubensgrundsätze aufgestellt und kommunizieren diese auch öffentlich. Es mag Zufall sein, dass es jeweils zehn sind.

Diese »Zehn Gebote« werden direkt aus den Visionen der Gründer abgeleitet, die damit gleichsam als Propheten fungieren.

Auf der Website von Facebook heißt es: »Unser Ziel beim Aufbau von Facebook ist es, die Welt offener und transparenter zu machen, denn wir glauben, so zu mehr Verständnis und engeren Verbindungen unter den Menschen beitragen zu können.«[95]

Darunter stehen zehn Grundsätze und Gebote, die Facebook aufgestellt hat und an die sich das Unternehmen und die Mitarbeiter sowie natürlich die User von

---

95 Einzusehen unter: https://www.facebook.com/principles.php.

Facebook halten sollen. Als oberstes Gebot wird die »Freiheit des Teilens und Verbindens« proklamiert: »Nutzer sollten die Freiheit besitzen, alle Informationen, die sie teilen möchten, in jedem Medium oder Format mit anderen teilen zu können und sich über das Internet mit jedem Menschen, jeder Organisation oder jedem Dienstanbieter verbinden zu können, solange beide diese Verbindung wünschen.«

Teilen ist ein fundamentales religiöses Prinzip, und die dadurch aufgenommenen Beziehungen zu Gleichgläubigen stellt eine wichtige Funktion von Religion dar. Facebook greift dabei nicht ein, sondern organisiert und überwacht lediglich die Interaktion und die Beziehung der Menschen zueinander. Eigentlich genau so, wie eine Kirche dies tut.

Das zehnte Gebot unterstreicht Facebooks Anspruch, über alle staatlichen und geografischen Grenzen hinweg für jeden auf der Welt verfügbar zu sein. Das Gebot heißt »Eine Welt«.

Facebook steht über allem und allen und erhebt den quasireligiösen Anspruch, alle Menschen zu vereinen. In den zehn Grundsätzen kommen dabei sämtliche Begriffe vor, die auch in klassischen Religionen zu finden sind: Gleichheit, Freiheit, soziale Werte, Gemeinnützigkeit – von Gewinnmaximierung, Shareholder Value oder Return on Invest ist nichts zu lesen.

Für seine Mitarbeiter hat Facebook sogar ein eigenes Büchlein, das »Little Red Book« anfertigen lassen, in dem die Grundsätze und Leitlinien des Unternehmens in Form von Geboten dargelegt werden – eine Art Verhaltensbibel. Der Designer und ehemalige Mitarbeiter von Facebook, Ben Berry, hat die von ihm mitdesignte Broschüre nach seinem Ausscheiden aus dem Unternehmen veröffentlicht.[96] 2012 wurde sie an alle Mitarbeiter in der Unternehmenszentrale verteilt.

In den internen Geboten wird auf die umgedrehte Kausalität des Geldverdienens verwiesen: Die Dienste, die Facebook entwickelt, dienen laut des »Little Red Book« nicht dazu, Geld zu verdienen, sondern Geld wird verdient, um bessere Dienstleistungen anbieten zu können. Facebook sei nicht gegründet worden, um eine Firma zu sein, sondern um eine soziale Mission zu erfüllen, die darin bestehe, die Welt zu einem offeneren und besser vernetzten Ort werden zu lassen. Denn, so ist einige Seiten später zu lesen, wenn man die Art, wie Menschen kommunizieren, verändere, verändere man auch die Welt. Dazu müsse natürlich jeder Mitarbeiter einige Gebote befolgen. Eines davon ist eine Referenz an ein asketisches, mönchartiges Leben: »Große Bedeutsamkeit und Komfort passen nur sehr selten zusammen.« Hinter den Text ist ein Bild gelegt, das einen Mitarbeiter von Facebook zeigt, wie er – offensichtlich erschöpft von der Arbeit – in sehr unbequemer Haltung in seinem Büro zwischen Kisten und einem Sessel schläft. Es heißt: »The quick shell inherit the earth.« Dies erinnert stark an einen Psalm aus dem Matthäus-Evangelium: »Selig sind die Sanftmütigen, denn sie werden das Erdenreich besitzen.«[97] Im Englischen lautet dieser Psalm: »Blessed are the meek: for they shall inherit the earth.« Nach Meinung von Facebook ist es also besser, schnell zu sein als langsam, denn Langsamkeit führe nur dazu, dass unnötige Verschönerungen an einem Produkt oder Feature hinzugefügt würden. Langsamkeit ist quasi die neue Gotteslästerung,

96 England (28.05.2015).
97 Matthäus 5,5.

Effizienz fördert hingegen Gottes (also des Internets) Wohlgefallen.

Die zehn Gebote von Google waren explizit mit »Woran wir glauben« überschrieben. Und obwohl Google diese zehn Gebote von der Seite genommen hat,[98] steht immer noch ein Gebot über allem: Google möchte »[d]ie Informationen dieser Welt organisieren und allgemein zugänglich und nutzbar machen«.[99] Google geht es darum, Produkte zu entwickeln, die das Leben aller Menschen verbessern, erst dann kommt das Geldverdienen.

Google und Facebook drehen also die Kausalität wirtschaftlichen Handelns um und führen es zurück zu der ursprünglichen Idee des Protestantismus: Es wird nicht mehr gearbeitet, um Geld zu verdienen, und Geld wird nicht als Notwendigkeit des Lebens betrachtet, sondern die Arbeit ist Berufung, und der Job wird zum Beruf, um Besseres und Gottgefälliges zu erreichen.

Diese protestantische und calvinistische Leistungsethik prägte viele US-amerikanische Unternehmer – auch oder gerade Steve Jobs. Obwohl dieser seit Jahren an Krebs litt und von der Krankheit bereits schwer gezeichnet war, hielt er noch im Frühjahr 2011 selbst die Keynote bei der Produktpräsentationsveranstaltung von Apple. Erst Ende August trat Steve Jobs als CEO der Firma zurück und starb kurz darauf am 5. Oktober 2011. Nur wenige Wochen hatte er ohne Beruf gelebt, dabei war er schon seit mehreren Jahrzehnten Milliardär. Bei seinem Tod verfügte er über ein Vermögen von rund acht Milliarden Dollar.

---

98 Die Seite »Woran wir glauben« ist einzusehen unter: http://www.digital-religion.de/du-sollst-keine-andere-suchmaschine-haben-neben-mir.

99 Zu lesen unter: https://www.google.com/about/.

Geld zu verdienen und Reichtum zu erwirtschaften sind also Zeichen der Erwähltheit von Gott und zeigen an, dass die Unternehmen mit ihren Visionen der Weltverbesserung auf dem richtigen Weg sind. Information und Vernetzung durch digitale Technologie führen zur Erleuchtung und zum/zur Erlös(ung), den der Gott »Internet« den Unternehmen zuteilwerden lässt.

Ge- und Verbote der Unternehmen beziehen sich aber nicht nur auf diese selbst und ihre nach außen hin gelebte Praxis, sondern werden auch für die Nutzer und Kunden sowie Lieferanten aufgestellt und in die Softwarealgorithmen eingebaut. Die User sollen wissen und verstehen, dass sie für konformes Handeln belohnt und für nichtkonformes Verhalten bestraft werden können.

So hat Google für Websitebetreiber einen umfassenden Katalog von Richtlinien aufgestellt,[100] die diese einhalten müssen, damit ihre Websites in den Suchergebnissen von Google erscheinen. Wenn sie sich nicht daran halten, werden sie von dem Google Robot missachtet, der regelmäßig die Websites besucht, oder sie werden sogar aktiv abgestraft und aus den Ergebnislisten verbannt. Die Regeln werden von Google kommuniziert und verbreitet, aber ein Restrisiko, eine Unsicherheit bei den Websiteanbietern bleibt immer bestehen: Wann der Google Robot »vorbeikommt« und wie genau die Erfolgskriterien dafür aussehen, ganz oben zu stehen, weiß niemand.

Aber wer bestraft wird, für den sind die Konsequenzen fürchterlich – so fürchterlich, dass sich Unternehmen und Menschen nicht einfach aus der digitalen Glaubensgemeinschaft verabschieden können, ohne schwere Ver-

---

100 Zu lesen unter: https://support.google.com/webmasters/ answer/7451184?hl=de.

luste und Einbußen hinnehmen zu müssen, die ihnen der digitale Gott dann zufügt.

In einer Titelstory prangerte Der Spiegel schon 2012 die Ungerechtigkeit der Suchmaschine Google an. Dort heißt es: »Die eigene Position auf der Trefferliste [von Google] kann heute über Wohl und Wehe von Unternehmen entscheiden, weil sie sich unmittelbar in Umsätzen niederschlägt.«[101] Google sei nicht neutral, sondern verfolge wirtschaftliche Interessen. Google habe einen »Sündenfall« begangen, als es den Boden der Neutralität verlassen habe.[102]

2016 formulierte das ZDF in der Dokumentation »Weltmacht Google«, dass Googles Algorithmen unsere Sicht auf die Welt und unser Wissen steuerten und am Ende Google entscheide, wer im Netz gefunden wird.[103] Google beeinflusse die Entscheidungen, wo die Menschen essen gingen, einkauften, ihre Hotelzimmer buchten und welche Ärzte sie aufsuchten. Eine Änderung der Suchalgorithmen, so die Aussage, könne das Aus für Unternehmen bedeuten, die nicht bei Google erscheinen – der Mensch als abhängiges Wesen von Googles Gnaden.

Statt handlungsfähig zu sein, sind Unternehmen ohnmächtig – ohnmächtig dem Willen Googles ausgeliefert.

2014 schlossen sich mehrere Hundert Unternehmen zu dem Open Internet Project (OIP) zusammen, um dagegen zu protestieren, dass Google die Suchergebnisse zu seinen Gunsten manipuliere und Konkurrenten beim Ranking benachteilige. Gerade neue Dienste von Google wie zum Beispiel Google Flights oder Google Shopping

---

101 Müller et al. (22.10.2012), S. 87.
102 Ebd., S. 88.
103 Poel et al. (25.06.2016).

würden bevorzugt, und Anbieter, die viele Services von Google wie YouTube und Google Analytics (ein Statistik- und Analysetool für Websitebetreiber, das die Besucher auf Websites analysiert und misst) verwenden, würden angeblich besser platziert als Websites, die diese Services nicht nutzten.

Aber wie kann es sein, dass Gott »Internet« durch sein eigenes Geschöpf »Google« Leiden zulässt, wenn er doch die Allmacht und die Allwissenheit besitzt und eigentlich auch Güte besitzen müsste, das Leiden zu verhindern? Statt Google als Unternehmen zu sehen, das eigene Interessen verfolgt und das Handeln aus Sicht von Google als logisch und sogar vorhersehbar zu betrachten, wird nun an die »Gnade und Gerechtigkeit Gottes« appelliert. Daher haben die am OIP beteiligten Unternehmen, unter anderem Axel Springer und Hubert Burda Media, ein Manifest veröffentlicht, das den Missstand anprangert. Wörtlich heißt es dort: »It's a matter of worldwide importance. The search engine monopolist Google with over 90 percent market share in the European Union manipulates its search results. It promotes its own services and content and downgrades those of competitors, which may be more relevant to consumers' queries. For several reasons, this is unacceptable. If a business cannot be found online, it cannot compete. Conversely, if Google's services always appear most prominently, irrespective of their relevance, consumers may not find the most relevant offerings. Innovative digital enterprises that are creating jobs all over Europe risk their very existence if this abusive search manipulation persists.«[104]

---

104 Einzusehen unter: http://www.openinternetproject.net/manifesto/.

Besser kann man seine eigene Abhängigkeit von Googles Gnade kaum zeigen. Erfolg hängt nur vom Internet ab und daher werden gebetsartige Forderungen an die Cloud gesendet. Es wird an die göttliche Barmherzigkeit appelliert und nicht Google (bzw. Alphabet) als Unternehmen gesehen, das eigene Interessen schon immer gnadenlos verfolgt, um seine eigene Verbreitung und letztlich den eigenen Gewinn zu maximieren.

Das ganze OIP Project klingt schon fast wie ein Gebet an einen barmherzigen Gott:

>>Internet, ich bitte um Barmherzigkeit für all jene, die nicht in Googles Suchergebnissen erscheinen und die Deiner Hilfe beim Searchranking am meisten bedürfen. Amen.<<

DIE NEUEN DIGITAL BELIEVERS

Wie die Menschen zu Gläubigen werden

———————

Keine Kirche kann existieren ohne das Zutun der Gläubigen und ohne Menschen, die als Mittler (also als Medien) fungieren. Und so passt es ganz wunderbar, dass die neuen »Medien«, die sogenannten Influencer, die frohe Botschaft überbringen, dass ein Gott in der virtuellen Welt existiert, der Wunder vollbringt. Sie offenbaren im wahrsten Sinne des Wortes die göttliche Ökonomie.

Dazu werden heute (bewusst oder unbewusst) Anspielungen und Zitate aus Symbolwelten und Mythologien der traditionellen Religionen und Kulturen von den Usern auf Facebook und Co. übernommen. Deren Symbolik und mythologischen Erzählungen werden inhaltlich zitiert, angedeutet und reinterpretiert, sodass bei deren Followern, Usern und Abonnenten Emotionen ausgelöst werden, die schon durch Erfahrungen und Erziehung vorgeprägt sind.

Dabei wird dem Internet eine transzendente Wirkung zugeschrieben. Einerseits sollen zwar Inhalte und Themen durch eine starke Symbolik schnell vermittelt werden, sodass Menschen emotional gebunden werden, andererseits aber sollen die User von Instagram, YouTube und Facebook vor allem glauben, dass ihr Handeln eine Wirkung hat, die sie im Diesseits erlöst. Diese Erlösung erfolgt im wahrsten Sinne des Wortes durch Erlöse (Geld), die sie von materiellen Sorgen befreien und so ein paradiesisches Leben auf Erden möglich wird.

Religionen nehmen die Gläubigen mit auf eine gedankliche und emotionale Reise in eine Welt jenseits der Alltäglichkeit: durch Gottesdienste, Gebete und das Lesen, Hören oder Ansehen religiöser Geschichten. Die Unternehmen des Silicon Valley, allen voran Apple, Google und Facebook, stellen den Menschen heute eigentlich ganz ähnliche, aber doch andere Werkzeuge und Orte zur Verfügung, durch die sie ihre Reise fernab der Alltäglichkeit beginnen können. Und wir User nehmen sie begeistert an, um zur digitalen Glaubenslehre zu konvertieren.

ES BEGAB SICH ABER ... — DIE MODERNE MYTHOLOGIE DER DIGITAL-DIVINE-ÖKONOMIE

Mythologische Erzählungen, die außergewöhnliche Ereignisse, wie zum Beispiel Wunder, überliefern, belegen die unmittelbare Einwirkung einer göttlichen Macht auf das Hier und Jetzt. In ihnen wird der Plan Gottes offenbart, und auch Nicht-Gläubige können sein Wirken erkennen. Die Gläubigen werden deshalb explizit aufgefordert, über diese Wunder zu berichten. So heißt es im Lukas-Evangelium: »Geht und verkündet Johannes, was ihr gesehen und gehört habt: Blinde sehen, Lahme gehen, Aussätzige werden rein und Taube hören, Tote stehen auf ...«[105]

Auch heute wird immer wieder von Wundern Gottes berichtet. So versetzten im Jahr 2006 Statuen hinduistischer Götter in Indien, die die ihnen dargebrachte Milch trinken würden, die Gläubigen in Aufregung.[106] Tausende von Pilgern machten sich zu den Orten auf, an denen diese Wunder geschehen sein sollen. Ebenfalls 2006 berichteten deutsche Zeitungen über eine Madonnenfigur, die an Karfreitag aus Augen und Gliedern bluten soll. Die Besitzerin berichtete, sie selbst habe währenddessen eine Marienerscheinung gehabt, von der ihr der Auftrag gegeben worden sei, auf das Leid in der Welt aufmerksam zu machen.[107]

Mögen solche Phänomene auch entweder der Einbildung der Menschen entspringen oder naturwissen-

105 Lukas 7,22.
106 o. V. (21.08.2006).
107 Freiburg (29.04.2006).

schaftlich erklärbar sein, so gibt es in der digitalen Welt doch ähnliche Wundergeschichten, die aber in der Regel weniger hinterfragt und belächelt werden. Diese mythologischen Erzählungen beziehen sich auf die digitale Welt als Ganzes und sollen die starke Wirkungskraft der digitalen Technologie und des ihr innewohnenden Gottes belegen. Das Internet vollbringt Wunder, die zu einer Erlösung der Menschen in der Welt beitragen.

Der deutsche Philosoph Friedrich Nietzsche sagte über den Mythos: »erst ein mit Mythen umstellter Horizont schließt eine ganze Kulturbewegung zur Einheit ab«[108] – und genau dies geschieht in der digitalen Religion.

Bei der Entwicklung dieses mythologischen Kosmos wirken besonders die traditionellen Medien mit, die die Wunder des Internets verkürzt und oft unreflektiert verkünden und verbreiten: Das Manager Magazin schrieb 2015: »Millionäre dank YouTube – YouTube-Filme erklären nicht nur die Kunst des Tapezierens, sondern sind auch eine Geldmaschine.«[109] Im selben Jahr titelte die Rheinische Post: »Neunjähriger verdient mit YouTube Millionen«.[110]

Sagenhafte Ereignisse sind also durch die Segnungen des Internets möglich. Und auch hier lautet die Formel: Erlös = Erlösung. Es spielt keine Rolle, ob das Kind glücklich ist, wer hinter den Produktionen wirklich steckt und ob tatsächlich Millionen mit den Videos verdient wurden.

Nicht nur Reichtum, auch Liebe und Glück sind mit der braven Nutzung der Angebote wie Tinder, Parship oder Facebook zu erlangen. So schrieb Die Welt: »71-Jäh-

108 Nietzsche (1976), S. 179.
109 o. V. (28.10.2015).
110 Rinke (16.02.2015).

riger findet Tochter auf Facebook wieder«[111], und die Westdeutsche Zeitung machte Facebook für das Glück von Zwillingsschwestern verantwortlich: »Verlorene Zwillingsschwester gefunden, dank Facebook«.[112]

Solche Aussagen sind starke Verkürzungen, die eine bestimmte positive Wirkung, zum Beispiel »Erlös« oder »Glück«, auf die digitalen Medien reduzieren und diese auch als einzige Ursache des Erfolgs heranziehen. Der Mensch und sein eigenständiges, aktives Handeln treten in den Hintergrund, ebenso die komplexen Zusammenhänge, warum Menschen wirklich erfolgreich werden, welche Eigenschaften sie als Person mitbringen, welche Voraussetzungen durch ihr Umfeld geschaffen wurden, welche Leistungen sie außerhalb des Internets erbringen und über welches Netzwerk sie außerhalb der Plattformen verfügen. All das wird einfach weggelassen.

Wer sein Video auf YouTube postet, wer Bilder bei Instagram einstellt, der kann berühmt und reich werden. Weil dies dann aber doch nicht so einfach ist und nicht jeder erfolgreich wird, der in dem göttlichen Medium unterwegs ist, belegen diese Wunder so etwas wie die Existenz eines Gottes, der die Menschen erwählt und damit »erlöst«.

Worin unterscheiden sich also diese Erzählungen von den Wunderberichten in traditionellen Religionen, von den Wundern der spontanen Heilung blinder oder tauber Menschen, von den Wundern der Teilung des Meeres oder der blutenden Madonnenfigur? Durch nichts, denn in beiden mythologischen Systemen und in beiden Ökonomien muss keine Ursache-Wirkung-Beziehung ver-

---

111 Valensise (11.09.2013).
112 Larson (09.02.2012).

standen werden. Wer an Gott glaubt und sein Wirken und Handeln akzeptiert, dem können Wunder widerfahren: Jeder kann auserwählt werden und Erlös(ung) bekommen!

So rufen diese Mythen bei immer mehr Menschen einen starken Glauben an die Wirkung des Internets als übergeordneter Macht hervor und verbinden die einzelnen digitalen Plattformen zu einem einheitlichen Ganzen. Das Internet ist größer als alle Vernunft. Liebe, Freundschaft, Geld, Berühmtheit und Glück, all das ist durch das Handeln in der digitalen Welt erreichbar, man muss sich nur an die Gebote des virtuellen Gottes halten.

Die Gründer von Facebook, Google und Co. sind die Propheten, die die Wunder in Form neuer Technologien als ein Werkzeug Gottes zu den Menschen bringen.

Ein geschlossenes religiöses System ist etabliert, das sich wie ein virtuelles Gotteshaus um die Menschen schließt.

#FOODPORN – DAS NEUE TISCHGEBET UND DIE DIGITALE RITUALISIERUNG DES ALLTAGS

Haben Sie schon einmal Menschen in Restaurants beobachtet, die warten, bis alle Gerichte auf dem Tisch stehen, mit ihrem Handy ein Foto davon machen und dieses anschließend auf Instagram oder Facebook posten, versehen mit Hashtags wie #foodporn oder #foodgasm? Gibt es einen Unterschied zwischen dem Ritual des Tischgebets von dem des Postens von Mahlzeiten auf Instagram, und was unterscheidet die Verwendung von vorgegebenen Formulierungen wie »Vater, segne diese Speise« von der Nutzung bekannter Hashtags wie eben #foodgasm?

Sowohl gläubige Menschen, die alles stehen und liegen lassen, um zu einer bestimmten Zeit zu beten, als auch Menschen, die alles um sich herum vergessen, nur weil sie etwas bei Twitter und Instagram veröffentlichen wollen, wenden sich von der Welt des Diesseits ab und einer virtuellen, nicht greifbaren, aber für diese Menschen doch existenten Macht in einer anderen Sphäre zu. Das traditionelle Tischgebet ist an einen Gott in einer anderen Welt gerichtet, das Foto wird in die Cloud hochgeladen und ist für die virtuelle Gemeinschaft im Internet gedacht, der damit gleichsam gehuldigt wird. In dieser Hinsicht besteht kein Unterschied. Die Facebook-Wall[113] wird zu einer Art virtueller Klagemauer, bei der der Gläubige, statt kleiner Zettel mit Segenswünschen in die

---

113 Bei Facebook stellt die Wall (also »Mauer«) den Bereich des Angebots dar, wo die eigenen Postings und auch die der Freunde dargestellt und gesehen werden können.

Ritzen von Mauersteinen zu stecken, digitale Posts an eine virtuelle Wand heftet.

Gebete und Gebetszeiten, der Rosenkranz, die Gebetsmühle, die Tefillin oder die Ausrichtung nach Mekka – in Religionen gehören bestimmte Rituale und Gegenstände oder Techniken zusammen und kollektivieren und normieren mehr oder weniger subtil das Verhalten der Gläubigen.

Auch die neuen Gläubigen ritualisieren durch die permanente Nutzung der Anwendungen von Google, Apple, Facebook oder Amazon ihren Alltag. Die digitalen Tools (»Werkzeuge«), die einem helfen sollen, den Alltag zu strukturieren und zu gestalten, werden ihnen von den Unternehmen zur Verfügung gestellt, ohne dass diese einen Verhaltenskodex explizit vorgeben müssen – das machen die Menschen schon selbst. So nutzt man morgens das Smartphone, um die Mails zu checken, Instagram versorgt einen mit den neuesten Informationen aus dem eigenen Freundeskreis, Google weist einem den richtigen Weg und gibt die richtigen Antworten auf die gestellten Fragen, und wenn man kein WhatsApp nutzt, fordert einen der Freundeskreis auf, es doch endlich zu installieren, damit man in Kontakt bleiben und die gemeinsamen Erlebnisse teilen kann. Und am Abend heftet man ein letztes Gebet an die Facebook- oder Twitter-Wall. Ohne diese Tools gehört man nicht dazu, gehört nicht zu der heiligen digitalen Gemeinschaft.

Die Tools beginnen, die Menschen Stück für Stück zu ritualisieren und in die gewünschten Verhaltensweisen der Gemeinschaft einzuführen. Dies schafft Kollektivität.

Gleichzeitig führt die ritualisierte Verwendung der Tools zu einer Normierung des Nutzungsverhaltens, was wiederum die Voraussagen von Unternehmen wie Google,

Apple, Facebook und Amazon über das Verhalten der Nutzer verbessert. Apple weiß, wohin man fahren will, wenn man ins Auto steigt und den Motor anlässt, Google, was man eigentlich meint, wenn man sich vertippt, Amazon, welche Produkte man kaufen will, und Facebook weiß, wen man noch kennen könnte.

Google, Facebook, Amazon und Apple wissen also offensichtlich etwas über einen, bevor man es selbst weiß, und können scheinbar die Zukunft vorhersagen. Da der Anwender immer weniger versteht, wie genau das funktioniert, erscheint ihm diese Vorausberechnung auf der Basis von Handlungen, Hoffnungen und Wünschen, die er artig der virtuellen Kraft des Internets mitgeteilt und offenbart hat, schon fast göttlich.

Der eigene Alltag erscheint nun nicht mehr willkürlich, unsicher und chaotisch, sondern vorhersagbar und kalkulierbar. Damit wird dem Gläubigen ein starkes Sicherheitsgefühl vermittelt. Gleichzeitig entstehen durch die Ritualisierung des Alltags der Gläubigen eine Verhaltenskonformität und eine stabile verlässliche (berechenbare) Gemeinschaft. Ein gemeinsamer Bedeutungsraum wird ausgebildet, und die Verhaltensmuster wirken auf die Gefühle der Menschen ein. Die Menschen werden kontrollier- und vorhersagbar: Wer Google nutzt und wem Google die Wege richtig vorhersagt, der nutzt kein Bing; wem Siri die richtigen Antworten gibt, der wendet sich nicht an Alexa; und wer seine Freunde bei Facebook hat, der verwendet kein Google Plus. Und auf jeden Fall löscht keiner seinen Account, weil er dann raus ist. Denn nur solange der Nutzer die Angebote der heiligen digitalen Gemeinschaft anwendet, weiß er, dass er nichts zu befürchten hat. Es ist also nicht so schlimm, wenn diese Unternehmen persönliche Daten erhalten und verwenden, um ihre eigenen Ziele zu verfolgen. Solange es Facebook gibt, existiert die Welt in gewohnter Form; solange Google weiß, was der User will, gibt es eine Vorbestimmtheit seines Lebens, und er weiß: Alles wird gut. Die Welt hat einen vorherbestimmten Sinn und eine Struktur, die zwar vorhanden, aber für den Einzelnen nicht erkennbar ist.

BADELATSCHEN, PORNOS, POKÉMON – DIE NEUE FORM DER DIGITALEN ENTWELTLICHUNG

Das Streben nach materiellen Gütern und die Fokussierung des Lebens auf die diesseitige Welt stehen im Widerspruch zu einem religiösen Leben. Ein frommes Leben soll immer auf das Jenseits ausgerichtet werden. Der gläubige Mensch müsse sich »entweltlichen«, so formulierte Papst Benedikt XVI. den Anspruch an eine religiöse Lebensführung.[114]

Lange waren religiöses Leben und ökonomisches Handeln unvereinbar, denn »Wert« wurde im Wesentlichen über materielle Produkte geschaffen. Heute machen die virtuelle Welt und die digitalen Technologien die herkömmlichen Anforderungen aber erfüllbar. Die Milliardäre aus dem Silicon Valley zeigen, wie dies möglich ist.

MILLIARDÄRE IN BADELATSCHEN – MATERIELLE DINGE SIND NICHTS WERT / Wie zeigt man, dass einem das irdische Leben nichts bedeutet und man nicht materiell verhaftet und gebunden ist? Indem man Verzicht inszeniert und symbolische Akte des Gebens und Verzichtens zelebriert. Wer viel hat, aber so tut, als ob es ihm nichts bedeute (selbst wenn dies zum Teil der Wahrheit entspricht), der wirkt in seinem wirtschaftlichen Handeln glaubwürdiger. Und genau diese Strategien wenden die neuen spirituellen Führer der digitalen Welt an.

Obwohl Steve Jobs ein Vermögen von über acht Milliarden Dollar besaß,[115] Mark Zuckerberg über ein Vermö-

114 o. V. (25.09.2011).
115 o. V. (o. D.).

gen von mehr als 40 Milliarden Dollar verfügt und Larry Page und Sergey Brin jeweils zwischen 35 und 40 Milliarden Dollar schwer sind,[116] sieht man es ihnen nicht an: Trotz ihres Vermögens scheinen sie auf Besitz zu verzichten oder vermeiden zumindest sichtbare Statussymbole.

Steve Jobs trug seit seiner Rückkehr zu Apple 1997 mehr oder weniger immer Jeans, Joggingschuhe und einen schwarzen Rollkragenpullover oder ein einfaches dunkles Hemd – keine teure Uhr, keine teuren Accessoires, keine teuren Anzüge. Als Steve Jobs 1997 die Kampagne »Think different« vorstellte, trat er in Birkenstock-Sandalen und kurzen Hosen vor das aus Medienvertretern aus aller Welt bestehende Publikum. Mark Zuckerberg tritt überwiegend ebenfalls in einem einfachen T-Shirt, Jeans und einfachen Schuhen (zu Beginn sogar stets in Adidas-Badeschuhen) auf. Auch er trägt keine Uhr. Das Profil von Mark Zuckerberg bei facebook.com zeigt auf den Fotos nur Bescheidenheit und Verzicht auf materielle Güter: keine Fotos von teuren Autos, Luxusjachten oder Villen. Er wohnt in Palo Alto zwar in einer wohlhabenden Wohngegend, aber dort in einem Haus, das von den anderen kaum zu unterscheiden ist. Sergey Brin, einer der Gründer von Google, sieht man auf offiziellen Anlässen ebenfalls eher in schlichter, dunkler und einfacher Kleidung.

Dieses Auftreten symbolisiert – wie bei Mönchen oder Priestern – den Verzicht auf materiellen Besitz, verweist auf die Bedeutungslosigkeit von Kleidung und Statussymbolen. Man braucht nur das, was funktional nötig ist. Für die Ausschweifungen und Gelüste der diesseitigen Welt ist kein Platz. Die Anhäufung von Vermögen

116 o. V. (28.01.2016).

ist nur dazu da, sich der Erwähltheit von Gott sicher zu sein; Verschwendung und Nutzung des Vermögens zum eigenen Vergnügen hingegen wären der sichere Weg zur Verdammnis. Nicht das Materielle ist wichtig, vielmehr muss den virtuellen Errungenschaften der digitalen Welt die ganze Liebe und die ganze Aufmerksamkeit des Denkens und Handelns gelten.

Digitale Technologien und Anwendungen wie Facebook, Instagram oder YouTube stehen für eine zunehmende Hinwendung zu der digitalen und damit jenseitigen Welt der Gläubigen – und dies immer häufiger und in immer mehr Lebensbereichen.

POKÉMON GO ALS HINWENDUNG INS JENSEITS / Der Erfolg des Spiels Pokémon Go im Jahr 2016 kann als Paradebeispiel einer Entweltlichung angesehen werden. Man fokussiert sich durch das Spiel zunehmend auf die virtuelle Welt – das Jenseits – und entsagt den diesseitigen und weltlichen Interaktionen.

Strenggläubige Juden sind oft sogar beim Gehen vollkommen vertieft in das Lesen der Thora, den ersten Teil des Tanach, der hebräischen Bibel, sodass sie die reale Welt um sich fast vergessen.

Als das Onlinespiel Pokémon Go auf den Markt kam, konnte man beobachten, wie vor allem Kinder sich vollkommen aus der realen Welt zurückzogen und nur noch mit dem Handy nach »virtuell versteckten« Pokémon-Figuren suchten. Damit wandten sie sich einer jenseitigen, virtuellen und nicht real greifbaren, aber dennoch in ihrer Wirkung existenten Welt zu. Die jenseitige Welt wurde dominant, die diesseitige Welt trat in den Hintergrund.

Eine solche Abwendung von der diesseitigen Welt und deren Versuchungen entspricht einer der zentralen Botschaften von traditionellen Religionen und wird als sakrales Verhalten betrachtet. Aus diesem Grund ist es auch so schwer, Phänomenen wie Pokémon Go rational zu begegnen: Sie sind historisch symbolisch vorinterpretiert und tief in den gesellschaftlichen Strukturen verankert.

PORNOS ALS NEUE FORM DER ENTHALTSAMKEIT / Sexuelle Enthaltsamkeit gilt in allen Religionen als weiteres wichtiges Element, um der Entweltlichung und der Hinwendung zum Jenseits Folge zu leisten. So verzichten buddhistische Mönche mehrere Monate im Jahr auf alles, was sie nicht unbedingt zum Überleben brauchen – auch auf Sex. In der katholischen Kirche müssen Priester ihr Leben im Zölibat verbringen, denn nur so können ihre Liebe, ihr Denken und Handeln ganz auf Gott ausgerichtet werden, ohne abgelenkt zu werden.

Wird Sex als Geschlechtskontakt zwischen mindestens zwei Menschen angesehen, kann die Nutzung von Pornografie als moderne Form der sexuellen Enthaltsamkeit interpretiert werden. Die virtuelle Welt führt einem alle Möglichkeiten der Lust und Liebe im Jenseits vor Augen, die Wünsche und Vorstellungen darüber, wie ein erfülltes Sexleben auszusehen hat, werden in der digitalen Welt vorgefunden und sind dort sichtbar. In der digitalen Welt ist alles möglich, und in dieser Welt können alle Träume wahr werden, die sich die meisten Menschen im Diesseits nicht erfüllen können, wollen und dürfen. Dies verstärkt die Hinwendung an die virtuelle Welt. Zugleich lebt man selbst keusch und sündigt nicht, da man den Begierden des Irdischen nicht nachgibt.

FAKE IT TILL YOU MAKE IT – KÜNSTLICH IST DAS NEUE REAL / Entweltlichung und die Verabschiedung von der Realität finden sich auch in Bezug auf das eigene Aussehen und die Etablierung neuer Schönheitsideale. Die Grenzen zwischen dem, was real ist, und dem, was heute digital nachbearbeitet und künstlich erstellt wird, verflüchtigen sich.

Dank der Softwareanwendungen wird es immer einfacher, sich seinen Körper und sein Aussehen so zurechtzubauen, wie man es gerade als schön und attraktiv empfindet. Schmalere Hüften, größere Augen, längere Beine oder faltenfreie Haut sind heute mit wenigen Fingerbewegungen auf dem Display unserer Smartphones zu bekommen. Die Schönheitsideale, die einem in den Bildwelten auf den Plattformen von Facebook, Google und Co. präsentiert werden, haben immer weniger mit dem gemein, was die Menschen real erleben und täglich sehen. Gleichzeitig hat es auch immer weniger mit einer realen und tatsächlich möglichen Physis zu tun. Dies geht so weit, dass sich Menschen mit Schönheitsoperationen nach den digitalen Vorbildern »umbauen« lassen wollen. Berühmte Persönlichkeiten lassen sich verkünstlichen – künstliche Haarteile, Implantate, Hautstraffungen, Fettabsaugungen, Po-Vergrößerungen –, nur um die Biologie zu überwinden. Es geht darum, dem eigentlich nicht möglichen künstlichen Ideal nahezukommen.

So gab die in Deutschland bei Teenagern sehr bekannte und beliebte Influencerin Shirin David, die gerade mal 23 Jahre alt ist, in einem Video in ihrem YouTube-Channel stolz preis, dass sie schon 75.000 EUR in Schönheits-OPs investiert habe.[117] Das Künstliche ist heute das neue

117 o. V. (09.11.2018).

Reale, und das Künstliche und Virtuelle ist erstrebenswert. Real ist nicht länger akzeptabel.

Da wird es heute schon als bewundernswert empfunden, wenn sich prominente User und Influencer in den sozialen Medien gelegentlich »unbearbeitet« zeigen. So schrieb die Gala über eine Influencerin, diese wolle mit einigen unbearbeiteten Bildern zeigen, dass sie »ein ganz normaler Mensch« sei.[118] Nach Angaben der Zeitschrift habe sie dadurch innerhalb weniger Tage 26.000 Abonnenten zusätzlich gewonnen. Auch andere Medien greifen immer wieder dieses Thema auf und bezeichnen Blogger und Influencer als »mutig«, wenn diese unbearbeitete Bilder veröffentlichen. So schrieb die Hamburger Morgenpost über eine Bloggerin: »Sie versteckt sich und ihren Körper nicht und steht auch zu kleinen Dellen und Makeln.«[119] Das eigentlich Normale wird als außergewöhnlich, mutig und bewundernswert dargestellt. Dabei wird vollkommen ignoriert, dass ja genau diese Personen zeigen, wie sehr es sich lohnt, sich zu verkünstlichen.

So investiert Shirin David, die behauptet, dass sie privat immer ungeschminkt und natürlich aus dem Haus gehe, für ihre Videos und Fotos jeweils circa anderthalb Stunden in Haare und Make-up. Künstlich verbessert die Chance auf Anerkennung und Erfolg. Und das Magazin Stern gibt Tipps, wie man sich in der digitalen Welt schöner machen kann: »Die Tricks beim Selfie-Posen. Enttarnt: Vorher-nachher in einer Minute«.[120]

Die reale Welt zu faken, sein Aussehen zu faken, sein Leben zu faken und digital neu zu erfinden bedeutet Er-

118 o. V. (07.07.2016).
119 o. V. (18.09.2017).
120 o. V. (16.03.2017).

folg. Dieser ist durch die Gnade des virtuellen Gottes abgesegnet, den man mit Erfolg auch ehrt. Fake it till you make it, dann ist alles möglich – die Welt, wie sie sein soll, mit wenigen Klicks.

ARTIFICIAL INTELLIGENCE – DAS STREBEN NACH GÖTTLICHER VOLLKOMMENHEIT / Das Streben nach Künstlichkeit und nach virtueller Perfektion ist religiös geprägt, denn auch in den traditionellen Glaubenslehren geht es darum, den Menschen mit einem moralischen Ideal zu konfrontieren, dem er in Wirklichkeit nicht entsprechen kann. Diese Fehlbarkeit wird ihm verdeutlicht, wenn in den Geboten oder Moralvorstellungen der Kirchen Ansprüche formuliert sind, die dem Menschen nicht angeboren sind. So wird im zehnten Gebot in der Bibel gefordert: »Du sollst nicht begehren deines Nächsten Weib, Knecht, Magd, Vieh noch alles, was dein Nächster hat.«[121] Aber ist Neid nicht ein elementares menschliches Gefühl? In vielen Religionen, vor allem aber in der katholischen Kirche, wird Unkeuschheit als Sünde gesehen. Unkeuschheit ist dort definiert als ein »ungeregelter Genuss der geschlechtlichen Lust oder ein ungeordnetes Verlangen nach ihr«.[122] Diese Sünde zu vermeiden ist für die meisten Menschen ein schwer oder sogar unmöglich zu erreichender – und damit künstlicher – Zustand.

Gott hingegen ist unfehlbar, perfekt, eben göttlich, und der Mensch will diesem Ideal möglichst nahekommen und damit auch Gott nahe sein. Nur in der virtuellen und in einer vollkommen künstlichen Welt ist der ideale und göttliche Zustand erreichbar.

121 2. Mose 20,17.
122 Deininger (09.10.2014).

So verwundert es nicht, dass immer mehr Menschen auf künstliche Intelligenz hoffen, auf Roboter, die die Fehler und Unzulänglichkeiten der Menschen beseitigen. Artificial Intelligence ist das neue Göttliche, das den Menschen in seiner Fehlbarkeit abschaltet. So wird geglaubt, dass die künstliche Intelligenz die Kriminalität reduziert, da Verbrechen mittels der göttlichen Technologie nun vorhersehbar sind, so wie auch die Armut in der Welt dank eines digitalen Superhirns abgeschafft werden kann und die Unfälle auf Straßen durch intelligente selbstfahrende Autos reduziert werden können. Der Mensch macht Fehler, die göttliche Maschine nicht.

SHARING IS CARING – TEILE UND SEI BARMHERZIG!

Geteilte Freude ist doppelte Freude, geteiltes Leid ist halbes Leid. Wenn die Lebensweisheiten eines Influencers auf Instagram hunderttausend Mal geteilt werden, wenn Videos auf YouTube eine Million Mal geteilt und kommentiert werden, dann ist die Freude noch viel größer – und jeder Schmerz wird noch viel kleiner. Jeder Like und jeder Share von einem Post zeigen, dass in der virtuellen Community keiner allein gelassen, sondern in dem, was er macht, unterstützt wird.

Wie passend, dass Teilen zudem eine grundlegende Anforderung von Religionen an die Gläubigen darstellt, um ein gottkonformes Leben zu führen.

Gerade das in den letzten Jahren aufgekommene Thema der Sharing-Ökonomie wird implizit als eine Art religiös-altruistisches Wirtschaftskonzept gepriesen und damit nahe an das traditionell religiöse Handlungsparadigma des Teilens herangerückt. Sie wird als ressourcenschonend angesehen, weil so angeblich weniger produziert werden muss.[123]

Die Anbieter von Sharing-Modellen und deren Lobbyisten verkünden diese Form des Teilens als neue Segnungen für die Welt und die Menschen. Willi Loose, Geschäftsführer des Bundesverbandes Carsharing, verkündete, dass jedes Carsharing-Auto zehn private Autos ersetze und so erheblich zur Entlastung des öffentlichen Verkehrsraums beitragen könne.[124] Der in Deutschland im Bereich der Digitalisierung bekannte Journalist Richard Gutjahr sieht in der Kultur des Teilens ein er-

---

123 Dörr et al. (02.01.2016).
124 Breitinger (21.01.2013).

strebenswertes und besseres Wirtschaftskonzept als in der Kultur des Besitzens.[125] Und der amerikanische Soziologe Jeremy Rifkin, der die EU-Kommission berät, ist überzeugt, dass eine Ökonomie des Teilens das bisherige Wirtschaftssystem dramatisch und positiv verändern und den Kapitalismus überwinden wird. Die Ökonomie des Teilens führt seiner Meinung nach zu einer »sozialeren Weltgemeinschaft«, in der die Menschen Dinge gemeinsam besitzen, statt von großen eigenen Profiten zu träumen.[126]

Vergessen wird dabei allerdings, dass die Autos beim Carsharing großen Konzernen wie BMW oder Mercedes gehören und nicht einer Gemeinschaft von Menschen, ebenso wenig wie die Fahrräder, die Roller und Scooter, die immer häufiger an den Straßenrändern stehen, altruistisch zur Verfügung gestellt werden, sondern weil die Unternehmen Profit machen und Kundendaten sammeln wollen. Der Begriff des Teilens verdeckt die tatsächliche Funktion dieser Angebote: die Miete von Fahrzeugen gegen Geld.

Dennoch oder gerade deshalb wird diese Form der Geschäftsmodelle »Sharing« genannt, und die digital Gläubigen werden aufgefordert, sich dieser neuen Form des Teilens und des Verzichtens anzuschließen.

VOM COUCHSURFING BIS AIRBNB – UNTERSTÜTZE DIE DIGITALEN PILGER! / Moses rief die Gläubigen auf, »Fremde zu lieben«[127], und St. Martin teilte seinen Umhang mit einem Bettler. Und wer sich auf eine Pilgerreise begibt,

125 Gutjahr (07.03.2013).
126 Oberhuber (19.07.2016).
127 5. Mose 10,19.

dem sollen die an dem Weg lebenden Menschen ihr Heim anbieten, damit die Pilger sich von den Strapazen des Reisens ausruhen, sich erfrischen oder übernachten können, bevor sie sich wieder auf die Pilgerreise begeben.

Heute etablieren sich um diese traditionellen Glaubensgrundsätze neue digitale Geschäftsmodelle, die denen der Pilgerherbergen recht ähnlich sind. So hat die Plattform CouchSurfing.com ein internetbasiertes Gastfreundschaftsnetzwerk aufgebaut. Die Mitglieder nutzen das digitale Angebot, um eine kostenlose Unterkunft für ihre Reisen zu finden und im Gegenzug wieder selbst ihre Unterkunft anderen Reisenden anzubieten.

Auch Airbnb, eine digitale Plattform, auf der jeder Mensch seine Wohnung oder ein Zimmer in seiner Wohnung oder seinem Haus zur Beherbergung anbieten kann, wird oft zu der Gemeinschaft des Teilens gezählt. Der Slogan von Airbnb lautet »Belong anywhere«, was ungefähr mit »sich überall zu Hause fühlen« übersetzt werden kann, und Brian Chesky, einer der Gründer und Vorstandsmitglied von Airbnb, sieht sein Unternehmen als Community, bei der es um Zugehörigkeit geht und darum, die Menschen überall auf der Welt zu vereinen und miteinander zu verbinden.[128] Auf der Seite von Airbnb gibt es inzwischen auch die Aktion »Open Homes«, bei der Menschen aufgefordert werden, Wohnraum für Menschen, die in Not geraten sind, zur Verfügung zu stellen.[129]

Von Teilen zu sprechen, von Zugehörigkeit ist leichter kommunizierbar, als von einem Unternehmen zu spre-

128 Chesky (16.07.2014).
129 Zu lesen unter: https://www.airbnb.de/openhomes (aufgerufen am 17.11.2018).

chen, das kostenpflichtig Zimmer über eine Plattform vermittelt, um damit viel Geld zu verdienen, denn Teilen verbindet, und wer teilt, macht die Welt ein Stück besser – aus Sicht der digitalen Unternehmen aus dem Silicon Valley.[130]

Besucht man die Unternehmenszentrale von Airbnb im Design District in San Francisco, dann liegt das Gebäude nur einen Steinwurf entfernt von einem der größten Sammelplätze der Obdachlosen der Stadt, der Market Street. Das Konzept des Teilens gilt überall, nur nicht vor der eigenen Haustür.

TEILE DEINE DATEN – VERBESSERE DIE WELT / Da Teilen selig macht, soll jedoch nicht nur die Unterkunft geteilt werden, sondern auch möglichst gleich alle Daten, die man so auf seinen Computern sammelt. Zwei der neuen Schlagworte der digitalen Ökonomie sind »Cloud Computing« und »Software as a Service«-Anwendungen. Dabei werden die Daten und Softwareanwendungen nicht nur lokal gespeichert, sondern auf den Servern von Google, Dropbox, Apple oder Amazon. Besitzen ist out, Teilen ist in.

Vor allem die Furcht vieler User vor dem dauerhaften Verlust von Daten, die auf den eigenen privaten Datenträgern gespeichert werden, trägt dazu bei, dass immer mehr persönliche Daten und Inhalte in die Cloud hochgeladen werden. So kann angeblich das Wissen dauerhaft bestehen und gerechter verteilt werden.

Wieder einmal mag es Zufall sein, dass dieses Konzept ausgerechnet mit dem Begriff der »Cloud« bezeichnet wird, der »Wolke«, die als Pars pro Toto für den Him-

---

130 Botsman et al. (2015), S. 12.

mel stehen kann, der in der christlichen Religion das Paradies symbolisiert.

Den Unternehmen dient das Speichern von Daten in der Cloud im Wesentlichen dazu, die eigenen Services und Angebote zu verbessern, und so wird beim Start des MacBooks genauso nach der Erlaubnis der Datenteilung gefragt wie nach einem Absturz der MS-Office-Software oder beim Einloggen auf anderen Seiten über Facebook.

Zu den oft im Fokus stehenden datenschutzrechtlichen Bedenken gegen diese Technologien kommt, dass immer mehr Serverfarmen betrieben werden müssen, um all diese Daten zu speichern und für die User verfügbar zu halten. Der Betrieb dieser Datenzentren und die dazugehörige digitale Infrastruktur verbrauchten im Jahr 2016 laut einer Studie von Greenpeace mehr Strom als Großbritannien.[131] Greenpeace hat die aktuellen Wachstumsraten beim Energieverbrauch »des Internets« hochgerechnet: 2020 wird es circa zwei Billionen Kilowatt Strom benötigen. Dies wäre das Dreifache des gegenwärtigen Strombedarfs der Länder Frankreich, Deutschland, Kanada und Brasilien zusammen.[132] Zwar sind Apple, Google und auch Facebook bemüht, den Großteil der benötigten Energie aus erneuerbaren Quellen zu beziehen, aber, so warnt Greenpeace, durch die stetig steigende Cloud-Nutzung und die zunehmenden Angebote von Cloud-Services, zu denen auch Netflix und Spotify zählen, könnte sogar die Nachfrage nach Kohle und anderen fossilen Brennstoffen steigen, weil der Bedarf nicht ausschließlich aus regenerativen Energien gedeckt werden kann.

131 Santen (2016).
132 Ebd.

Hinzu kommt, dass jeder Mensch immer mehr elektronische Geräte bzw. internetfähige Computer nutzt, die ebenfalls Strom benötigen. Dieser Bedarf ist in den Studien noch gar nicht berücksichtigt. Seit 1990 ist der weltweite Energiebedarf um knapp 40 % gestiegen, allein in den USA um 20 %.[133] Dieser Anstieg ist zwar nicht ausschließlich auf das Internet zurückzuführen, aber das Teilen der Daten trägt auch nicht zu einer Verbesserung der Klimasituation bei, eher im Gegenteil.

Die Unternehmen aus dem Silicon Valley, vor allem die Servergiganten wie Google, Facebook, Apple und Amazon, sprechen hingegen von einer Green-IT und implizieren, dass die Technologie sogar dazu beitragen könne, die Umwelt ein Stück besser zu gestalten und lebenswerter zu machen. Dies begründen sie unter anderem damit, dass es wesentlich besser sei, Elektronen als Atome zu bewegen. Etwas konkreter formuliert: Es ist in dieser Weltsicht besser, eine E-Mail zu versenden als einen Brief auf Papier. Sie wollen sich so mit einem ökologischen Anstrich versehen und zu den Vorreitern in der weltweiten Ökologiebewegung werden. Und jeder, der seine Informationen teilt, kann Teil der Ökobewegung werden. Gutes tun – dank Filesharing!

QUELLCODE, ÖFFNE DICH! / »Informationen wollen frei sein« lautet ein Mantra der Softwareentwickler-Community und der Technologieaktivisten weltweit. Informationen – oft gleichgesetzt mit Inhalten – sollen der Gesellschaft ohne Einschränkungen zur Verfügung gestellt werden, um das Wohl aller zu fördern. Wikipedia statt Brockhaus, Open Source statt Microsoft, so wird mit

133 OECD (2013).

dem neuen Glaubensgrundsatz das alte Weltbild des elitären Herrschaftswissens (angeblich) aufgebrochen. Es gibt immer mehr Softwareentwickler, die Software für Plattformen von Google, Apple oder auch WordPress oder Wikipedia programmieren, von denen die Unternehmen indirekt oder direkt profitieren.

So gibt es bei Apple inzwischen über zwei Millionen Apps im App Store und bei Google sogar über 3,3 Millionen Apps, die sich Smartphone-Nutzer auf ihren Android-Geräten installieren können.[134] Der größte Teil davon wird den Nutzern kostenlos angeboten. Auch Musiker stellen ihre Musik gern auf Plattformen zur Verfügung: Inzwischen sind über 135 Millionen kostenlose Musiktracks bei SoundCloud und YouTube zu finden. Und allein in Deutschland arbeiten fast 200.000 Personen aktiv an dem Portal »Wikipedia« unentgeltlich mit.[135]

Das Teilen von Softwarecodes und Inhalten wird als heilige Handlung in der digitalen Welt gesehen, aber gerade bei dem Thema der Veröffentlichung von Inhalten und Daten sowie von Quellcodes, den die Unternehmen von den Nutzern und Entwicklern einfordern und den sie als heilsbringend für die Internetgemeinschaft propagieren, zeigt sich die Doppelzüngigkeit und die Doppelmoral der Unternehmen des Silicon Valley. Sie selbst lassen sich alle möglichen Softwareanwendungen patentrechtlich schützen und verklagen sich gegenseitig in Milliardenhöhe auf angeblichen Diebstahl geistigen Eigentums. Apple verklagte Samsung wegen diverser Patente bei Smartphones und Tablets;[136] Google verklagte

134 AppleInsider (o. D.).
135 Wikimedia (o. D.).
136 Lindner (25.08.2012).

Microsoft,[137] umgekehrt verklagte Apple gemeinsam mit Microsoft Google wegen Patentverletzungen bei dem Betriebssystem »Android«[138]. Steve Jobs sprach sogar von einem Patent-»Atomkrieg« gegen Google.[139] Von der Bereitschaft, die eigenen Inhalte und Codes zu veröffentlichen und anderen zur Verfügung zu stellen, sind die Unternehmen meilenweit entfernt.

GEBEN IST SELIGER DENN NEHMEN / Damit die Gründer und Unternehmen dennoch glaubwürdig bleiben und andere von den Segnungen des Teilens und Gebens überzeugen können, inszenieren sich die spirituellen Führer der digitalen Religion auch beim Teilen und Geben als Spitze der Bewegung und stellen ihre Freigiebigkeit ins Zentrum ihrer von der Presse gerne aufgegriffenen Kommunikationsstrategien. Sie preisen ihre Spenden, ihre milden Gaben oder die Preisgabe von persönlichen Informationen an.

2008 verkündete Google-Gründer Sergey Brin, dass er ein mutiertes Gen, welches mit der Nervenkrankheit Parkinson in Verbindung gebracht wird, in sich trage.[140] Er gebe seine DNA-Informationen gern weiter, damit andere von diesen Informationen profitieren können. Seine persönlichen Daten sollen dazu beitragen, ein Mittel gegen diese Krankheit zu finden. Der Präsident von Alphabet Inc., das davon lebt, dass Menschen Informationen preisgeben, zeigt sich damit selbst bereit, relevante und persönliche Informationen preiszugeben – anscheinend

137 o. V. (11.06.2007).
138 o. V. (01.10.2015).
139 o. V. (21.10.2011).
140 Lindner (23.09.2008).

selbstlos und ohne Bedingungen. Allerdings war es seine Frau Anne Wojcicki, die die Firma 23andMe, an die die Daten gegeben wurden, gegründet hat – und Alphabet Inc. hat in das Unternehmen mehrere Millionen Dollar investiert![141]

Auch Mark Zuckerberg inszeniert sich als großzügiger Spender und kündigte an, 99 % seiner Facebook-Aktien im Laufe seines Lebens für wohltätige Zwecke zu spenden.[142] Das Geld solle vor allem in die Kinderhilfsstiftung »Chan Zuckerberg Initiative« fließen, die von ihm und seiner Frau gegründet wurde – rechtlich gesehen ein Unternehmen mit beschränkter Haftung, das vollkommen in Familienbesitz ist, und keine wirkliche Stiftung. Das Netz feierte Zuckerberg dennoch als Wohltäter, und der Post über die Ankündigung der Spenden wurde über 300.000 Mal geteilt, und mehr als 1,6 Millionen User haben den Artikel gelikt. Beinahe alle traditionellen Medien titelten: »Mark Zuckerberg will fast komplettes Vermögen spenden«.

Zwar wird immer wieder von Google, Larry Page, Zuckerberg und so weiter gespendet – das steht außer Frage –, doch erweisen sich die Beträge als nicht so groß, wie es im ersten Moment scheint, wenn sie ins Verhältnis zum Vermögen gesetzt werden. So spendete Mark Zuckerberg 2017 der Universität Harvard zwölf Millionen Dollar zur Unterstützung einkommensschwacher Studenten.[143] Dies entspricht 0,03 % seines Vermögens – bei einem Vermögen von 100.000 Euro wäre das eine Spende von 30 Euro. Wenn also die Zuckerbergs angeben, dass sie bereits

141 Lindner (23.09.2008).
142 Medick (02.12.2015).
143 o. V. (14.11.2017).

1,6 Milliarden Dollar für diverse wohltätige Zwecke und Einrichtungen gespendet haben,[144] stellt dies gerade 4 % ihres Vermögens dar; eines Vermögens, das übrigens auf dem Wert seiner Aktien an Facebook basierend berechnet wird. Dabei darf man nicht vergessen, dass Mark Zuckerberg allein durch seinen Anteil an Facebook (circa 17 %) persönlich einen Gewinnanteil von fast einer Milliarde Dollar pro Quartal von Facebook erhält (wenngleich nicht immer der ganze Gewinn ausgeschüttet wird).

An diesen Beispielen ist sehr gut zu erkennen, wie wirksam es ist, religiös aufgeladene Rituale zu kommunizieren und zu vollziehen. Teilen wirkt eben – und wenn es nur Ankündigungen auf Facebook sind.

144 o. V. (02.12.2015).

DIE LEHRLINGE – VON WALLFAHRTEN UND PILGERREISEN

Religionen haben heilige und mythische Orte. An diesen soll das eigentlich Unbegreifliche und damit das Virtuelle des Glaubens konkret und real erfahren werden können. Heilige Orte strahlen etwas Besonderes aus, da sich an diesen Plätzen und Stätten bedeutende Ereignisse zugetragen haben – die Geburt von Göttern, wichtige Kämpfe oder große Offenbarungen. Kein Wunder also, dass jede Religion, also auch die digitale, heilige Stätten kennt. Mekka im Islam, Bethlehem im Christentum, die heilige Stadt Varanasi im Hinduismus oder der Tempelberg in Jerusalem – an all diesen Orten wird die Geschichte der Religion vereint und erlebbar. Die Gläubigen sollen zu diesen Stätten pilgern, um die Kraft des Ortes zu erleben und sich spirituell mit der Glaubensgemeinschaft zu verbinden. Von dem Besuch wird sich eine besondere Wirkung versprochen, zum Beispiel die Heilung von Krankheiten oder das Erlangen neuer Erkenntnisse. Diese Wirkung kann jedoch nur bei dem eintreten, der tatsächlich den Ort besucht. Der Weg dahin wird dann als Pilger- oder Wallfahrt bezeichnet, bei der sich Gleichgesinnte auf den Weg machen, um spirituelle Erfahrungen zu sammeln, die einem die Erleuchtung näherbringen.

DAS GELOBTE LAND / Die digitalen Gläubigen zieht es in das Tal des Siliziums, das Silicon Valley. Die zahlreichen Reisen von Topmanagern aus Europa und anderen Ländern der Welt dorthin sind nichts anderes als eine »Wallfahrt« zu den heiligen Stätten der digitalen Glaubensgemeinschaft.

Dabei ist schon der Begriff »Valley« ein künstlicher. Er geht auf den Technikjournalisten Don C. Hoefler zurück, der 1971 die von Halbleitern geprägte Industrie rund um die Region südlich von San Francisco als »Silicon Valley« bezeichnete.[145] Geografisch handelt es sich bei dieser Region zwar nicht um ein Tal.[146] Aber der Begriff hilft, die Gegend symbolisch aufzuladen. Täler werden sehr häufig in mythologischen Erzählungen verwendet, und ihnen kommt in traditionellen Religionen eine wichtige Bedeutung zu. So wird unter anderem der Garten Eden oft als Tal, das zwischen zwei Flüssen liegt, beschrieben.

Täler haben wie Berge den dramaturgischen Vorteil, dass sie in der menschlichen Vorstellung immer eine räumliche Begrenzung aufweisen und dadurch gewisse Eigenschaften, Ideen und Konzepte einem klar umrissenen Ort zugewiesen werden können. Innerhalb der digitalen Religion wird der Ursprung, die Quelle der heiligen digitalen Technologie und ihrer göttlichen Ökonomie nun in einem Tal verortet: dem Silicon Valley. Hier wurden die Götter Apple, Google und Facebook geboren, die ganze Industrien und Branchen revolutioniert oder vernichtet haben, wenn sich die Unternehmen der alten Branchen nicht der neuen religiösen Weltordnung unterworfen und angeschlossen haben.

Kein Wunder also, dass zu diesem heiligen Ort immer mehr Manager pilgern und im heiligen Tal eigene Dependancen und Innovationslabore (Labs) gründen. Sie wollen und müssen nahe dran sein an der Quelle des Erfolgs. Viele Manager großer deutscher Unternehmen – von RWE, Deutscher Telekom, Henkel bis hin zu mittelständi-

---

145 Ellrich (14.01.2015).
146 Ebd.

schen Betrieben wie dem Prothesen-Hersteller Otto Bock oder dem Stahlhändler Klöckner – sind in das Valley gereist, um dort eine besondere Eingebung für das eigene Geschäft zu erhalten.[147]

Offizielle Touren werden inzwischen von den Unternehmen selbst angeboten. Google oder Facebook öffnen den modernen Pilgern gern die Türen, um Einlass und Einblick zu gewähren in die heiligen Hallen und Garagen, die als Geburtsstätten einer neuen Ökonomie gepriesen werden. Nur sind es eben keine Einblicke in die Labors, in denen die wirklichen Innovationen ausgetüftelt und entwickelt werden, die gegeben werden, sondern in gewisser Weise Museumsbesuche, bei denen die Schöpfungsgeschichte der Unternehmen dokumentiert und deren Weisheit und Innovationskraft belegt werden.

Von dem Besuch soll eine kraftvolle Wirkung auf das eigene Unternehmen und die eigene Leistungsfähigkeit ausgehen, durch ihn soll eine heiligende Kraft auf den Manager übertragen werden. Zurück kommt der Manager dann mit der Weisheit, wie Erfolg in einer digitalen Welt möglich ist. Nach der Pilgerfahrt müssen diese Unternehmen nicht mehr den Untergang fürchten, weil sie nun die Sakramente und die digitale Erlös(ungs)lehre erhalten haben.

DER ZAUBERLEHRLING IM SILICON VALLEY / Eine komplette Story und darauf aufbauend ein neues Geschäftsmodell rund um das Silicon Valley hat das Unternehmen Axel Springer entwickelt.

2012 entsandte der Konzernchef Mathias Döpfner drei seiner besten Manager – Kai Diekmann (Chefredakteur

147 Löhr et al. (04.03.2015).

der BILD-Zeitung), Peter Würtenberger (Marketing und Vermarktungschef von Axel Springer) und den IT-Experten und Mitgründer der Online-Preisvergleichsplattform Idealo.de, Martin Sinner.[148] Ziel der Mission war es, als Lehrlinge in das Tal der größten Feinde des Geschäftsmodells von Axel Springer zu reisen, um mit einem Heilmittel gegen das sterbende Zeitungsgeschäft aus dem Gelobten Land zurückzukehren. Ein Jahr sollte vergehen, bevor Kai Diekmann und seine zwei Gefährten die Rückreise antraten. Vor allem Kai Diekmann schien einen fundamentalen Wandel durchlaufen zu haben, der sich auch optisch ausdrückte: Aus »einem geölten Journalisten [wurde] ein bärtiger Nerd«.[149] Da eine visuelle Transformation eines Menschen oft mit einer inneren Veränderung gleichgesetzt wird, schien klar zu sein, dass Kai Diekmann eine fundamentale spirituelle Erleuchtung und Erkenntnis erlebt haben musste: Die Veränderung von einem printgeprägten Journalisten hin zu einem digitalen Innovationsevangelisten wurde akzeptiert.

Die Erkenntnisse, die die Pilger gewonnen hatten, wurden übertragen auf das Unternehmen Axel Springer: Aus einem Zeitungshaus wurde ein digitales Unternehmen, auch dank der digitalen Weisheit der Topmanager aus dem Gelobten Tal.

Bei ihrer Pilgerfahrt wurden die drei Manager von dem Konzerngeschäftsführer für Public Affairs bei Axel Springer, Christoph Keese, begleitet, der die komplette mediale Verarbeitung der Reise sicherstellte und dazu gleich eine Art neuer Bibel über die digitale Transformation veröffentlichte. Das Buch heißt schlicht und er-

---

148 Fröhlich (06.06.2012).
149 Geyer (25.03.2013).

greifend »Silicon Valley«. Der Untertitel verweist darauf, dass aus diesem heiligen Tal noch einiges zu erwarten ist, wenn man sich nicht der von dort ausgehenden Glaubenslehre unterwirft: »Was aus dem mächtigsten Tal der Welt auf uns zukommt«.

Axel Springer entwickelte aus der Reise und deren medialer Ausschlachtung ein eigenes »Erlös«-Modell und organisiert heute für Manager anderer Unternehmen Reisen ins Silicon Valley und zu den dort ansässigen Unternehmen. Damit profitiert Axel Springer zum einen wirtschaftlich vom Kult um das digitale »Kalb«, indem es gegen Erlös die neuen Gläubigen in das heilige Land führt; zum anderen fungiert Axel Springer als Evangelist und Prophet der digitalen Religion. Eine echte Win-win-Situation, wie es so schön heißt.

Je mehr Pilger zu Airbnb, Google, Facebook, Uber und Co. reisen, umso besser verbreiten diese wieder die Lehren in ihren Unternehmen. Die Saat geht auf, denn so gelangen die neuen Ordnungsprinzipien der postmodernen Klöster zu der Welt außerhalb der eigenen Mauern und werden in immer mehr Unternehmen verankert. Die virtuellen Fäden, mittels derer die User gesteuert werden können, und die virtuellen Mauern, innerhalb derer sich die Menschen bewegen müssen, werden dicker und stabiler. Aus einer kleinen Glaubensgemeinschaft wird eine globale Religion.

TIMELINES – DIE DIGITALEN DAUER- PREDIGTEN

Was haben Menschen, die Instagram und Facebook nutzen, mit Albrecht Dürer, Hieronymus Bosch oder Michelangelo gemeinsam? Kann man diese großen Maler mit irgendwelchen Influencern und Usern dieser Social-Media-Plattformen überhaupt vergleichen?

Influencer übernehmen eine ganz ähnliche Funktion wie die genannten Maler. Die Timelines und Newsfeeds von Instagram oder Facebook sind eine moderne Form sakraler Bildgeschichten, die die Funktion der Fresken und Altarmalerei des Mittelalters übernommen haben, und die Hashtags bieten Orientierung und eine Interpretationshilfe.

Die Deckenmalerei in der Sixtinischen Kapelle in Rom, das Weltgerichtstriptychon von Hieronymus Bosch oder Albrecht Dürers Holzschnitte der Apokalypse dienten der Übermittlung einer christlichen Heilsbotschaft.[150] Die Abbildung der religiösen Motive und Geschichten fungierte als eine Art Lektüre für die Ungebildeten, die nicht lesen konnten.[151] Die Bilder und vor allem die Bildgeschichten wurden als visuelle Dauerpredigt betrachtet, die jedem Menschen verständlich war und visuell vermittelt werden konnte.[152] So wurden in den Bildwelten Anleitungen für ein moralisch vorbildliches Leben präsentiert, und zugleich wurde vor Sünden und Lastern gewarnt, wenn die Geschichten erzählten, wie Verfehlungen in der Hölle bestraft werden.

150 Pisot (o. D.).
151 Ebd.
152 Ebd.

In seinem Triptychon[153] »Garten der Lüste« zeigt Hieronymus Bosch Himmel oder Hölle, je nachdem, wie man die Altarflügel klappt. Die beiden Außenflügel zeigen die Schöpfung der Welt am dritten Tag, als Gott nach christlichem Verständnis Land, Meer und Pflanzen schuf.[154] Der linke Innenflügel zeigt den Garten Eden mit Adam und Eva. Die Mitteltafel stellt den Garten der Lüste, der rechte Innenflügel die Hölle dar. Jedes Umklappen öffnet eine Bildwelt zu einem Thema.

In der Sakralmalerei waren die Motive von Erlösung und Verdammnis, von Paradies und Hölle, von Schmerz und Furcht die Hauptthemen. Diese sollten Affekte bei den Gläubigen auslösen und deren Ängste, Wünsche und Hoffnungen repräsentieren. Bilder aus dem Leben Marias oder von den Martyrien der Heiligen sollten den Glauben bestärken oder den Gläubigen zu einem gottesfürchtigen Leben anhalten. Die Funktion des Zu- und Aufklappens von Altartafeln hatte dabei die Aufgabe, wechselnde Anforderungen visuell zu bedienen – je nachdem, ob der Gläubige in der Erlösungshoffnung bestärkt oder von Lastern und Sünden ferngehalten werden sollte.

Die Timelines und Hashtags sind Reinterpretationen der Sakralmalerei.

Eine Timeline stellt die Liste der abonnierten Beiträge dar, die ein Nutzer sieht, wenn er sich bei einem Dienst einloggt. Ein Hashtag (#) ist ein Wort, dem ein # vorangestellt wird, mit dem ein Wort oder eine Zeichenkette

---

153 Als »Triptychon« (dt. »dreifach gefaltet«) wird ein dreigeteiltes Gemälde oder eine dreiteilige Relieftafel bezeichnet, die oft mit Scharnieren zum Aufklappen verbunden ist und sich insbesondere als Andachts- oder Altarbild in Kirchen findet.

154 Wikipedia, Stichwort: »Der Garten der Lüste«.

in einem Beitrag hervorgehoben wird. Bei einem Klick auf das Hashtag werden dem Nutzer andere Beiträge, die mit demselben Hashtag versehen sind, präsentiert. Jeder Klick führt den User zu einem bestimmten visuell aufbereiteten Thema.

Wenn er möchte, kann sich der User Bilder aus den Paradiesen der Welt ansehen, mit Photoshop und Filtern sogar noch verschönert. Jeder kann sehen, wie ein glückliches Leben an den schönsten Orten der Welt möglich ist. So fanden sich im Dezember 2018 auf Instagram über 30 Millionen Beiträge, wenn man in der Suche #paradise eingab. Dort sieht man Bilder von unberührter Natur, Traumstränden, Wasserfällen, Meer, Bergen und unendlich vielen anderen schönen Orte der Welt. Auch die Anweisungen, wie man ein vorbildliches Leben führt, sind per Klick zu finden. Mit #healthy waren im Dezember 2018 über 130 Millionen Posts bei Instagram markiert. Darunter sind Millionen Bilder, die gesundes Essen zeigen, durchtrainierte Körper und Menschen, die sich mit Sport fit halten. Diese werden dann später wieder an den schönsten Plätzen der Welt präsentiert – und zusammen ergibt es #happylife.

Aber auch die Hölle auf Erden ist nur ein Klick entfernt, und jeder kann sie sich ansehen. Mit den entsprechenden Suchbegriffen und Hashtags sind alle Formen von Schmerz, Furcht und Verdammnis darstellbar. Diese Bildwelten werden genutzt, um Affekte wie Motivation, Wünsche und Hoffnungen, aber auch Furcht oder Zurückhaltung beim Betrachter auszulösen. Mit jedem Klick kann sich der User virtuelle Welten von Himmel bis Hölle anzeigen lassen.

Und ganz unbewusst verwenden diejenigen, die sich auf Instagram und Co. präsentieren, die Ideen und Konzepte der Ikonenmalerei und beginnen, sich damit selbst als Ikonen der Neuzeit zu inszenieren und abzubilden. Denn die modernen Heiligenbilder sind ebenfalls ein ganz wichtiges Element zur Erschaffung der neuen digitalen Glaubensgemeinschaft.

INFLUENCER – DIE IKONEN DER NEUZEIT

Mit weit geöffneten Augen, einem erhabenen, aber ausdruckslosen Blick und kleinem, bewusst zusammengezogenem Mund wendet sich die Frau auf dem Bild dem Betrachter zu. Auf einem anderen Bild blickt ein Mann den Betrachter gerade und fast grimmig an, seine rechte Hand hat er leicht erhoben und zu einer segnenden Geste geformt. Diese wenigen Sätze beschreiben zwei der bekanntesten Ikonenbilder des Mittelalters, zum einen die »Jungfrau der Zärtlichkeit« und zum anderen »Christus Pantokrator«. Sie unterscheiden sich nicht wesentlich von den Darstellungen auf den Selfies auf Instagram und haben teilweise sogar die gleiche Funktion, nur dass die User auf Instagram gar nicht wissen, welche religiöse Funktion sie damit für Facebook, Google und Co. übernehmen.

Eine Ikone ist eine Darstellung einer heiligen oder religiös verehrten Person in Bildern, die eine ganz eigene und schnell wiedererkennbare Farb- und Formensprache aufweisen. Ikonen sollen das Göttliche sichtbar werden lassen und sind damit ein ganz zentraler Aspekt in der christlich-orthodoxen Glaubenslehre. Ikonen werden auch als das »geschriebene Wort Gottes in Bildform«[155] bezeichnet. Sie wollen eine Botschaft vermitteln und ein »Fenster zum Himmel« sein,[156] durch welches der Betrachter die Gegenwart Gottes erfährt. Ganz typisch für die Ikonenmalerei ist bzw. war die »exzentrische« Darstellung der abgebildeten Personen auf einem goldenen

155 Sell (07.01.2013).
156 Ebd.

Untergrund oder innerhalb einer goldenen Umrahmung. Mit dem Gold wurde das Licht Gottes symbolisiert.[157]

Dabei hatte die klassische Ikonenmalerei einen fest umrissenen Motivraum: Die Darstellungsformen, die Mimik, die Hand- und Körperhaltungen sowie die Farbgebung waren implizit vorgegeben. Wenn neue Ikonen hergestellt wurden, wurden diese nach den Vorgaben des Kanons angefertigt.[158] Dieser war nicht schriftlich festgelegt, sondern entstand dadurch, dass sich die Maler an vorhandenen Ikonen orientierten und diese als Malvorlage verwendeten. Die meisten Ikonen haben Maria, die Gottesmutter, oder Jesus Christus zum Motiv verwendet. Deren Darstellung ist bis heute visuell prägend, weil diese beiden »Gesichter« über Jahrhunderte immer wieder nach den gleichen Vorgaben gemalt wurden. So ist zum Beispiel das Motiv, das viele gläubige Menschen besonders vor Weihnachten vor Augen haben, die »Jungfrau der Zärtlichkeit«. Auf diesem Werk neigt sich Maria zärtlich ihrem Kind Jesus zu, das sich eng an die Wange der Mutter schmiegt,[159] wobei die Gesichter ohne jegliche Emotion dargestellt sind, die Augen der Gottesmutter fast leer wirken.

Analysiert man die Bildwelten der sogenannten Influencer, also Nutzer der Social-Media-Angebote wie Instagram, Facebook oder YouTube, die besonders viele Follower haben und denen man Einfluss auf die Kaufentscheidungen oder auch Auswirkungen auf die Verhaltensweisen ihrer Follower nachsagt, können diese auch als neuzeitliche Ikonen der Selbstdarstellung interpretiert

---

157 Ebd.
158 Mondzain (2011), S. 154.
159 Sell (07.01.2013).

werden. Sie sind abgebildetes Objekt (Ikone) und Maler ihrer selbst in einem. Dabei werden genau wie bei der Ikonenmalerei standardisierte Posen und Motive eingenommen. So stellen die Gesichtsausdrücke »Duckface«[160] oder »Fishgape«[161] innerhalb bestimmter Zeitfenster wiederkehrende, standardisierte Gesichtsausdrücke dar, die anderen als Vorlage dienen und millionenfach nachgeahmt und gepostet werden. Ebenso wie in der Ikonenmalerei entstehen diese Motive nicht durch fest vorgegebene Regelwerke, sondern durch Übernahme der verwendeten Motive von anderen Influencern.

Aber nicht nur die Pose ist wichtig, auch bestimmte Perspektiven sind entscheidend, um sich selbst zu ikonisieren. Die wohl bekannteste davon ist die sogenannte Selfie-Perspektive. Dies ist ein Selbstporträt, das oft aus Armeslänge mit der eigenen Hand aufgenommen wird, Bildanschnitt und Körperhaltung werden peinlich genau in Szene gesetzt.

Nur die richtige Perspektive, die korrekten Posen und die passende Mimik versprechen Erfolg auf Instagram oder Facebook. Diese Gesten, Haltungen und Perspektiven stellen somit einen modernen digitalen Kanon der Ikonenfotografie dar. Aus dem goldenen Hintergrund der Ikonen wurde der virtuelle Raum. Da Gott genauso vir-

---

160 Ein Duckface ist ein Gesichtsausdruck, der vorwiegend von weiblichen Usern bei Instagram und in anderen sozialen Netzwerken eingenommen wird und bei dem die Lippen wie bei einem Schmoll- oder Kussmund zusammengepresst und gleichzeitig die Wangen eingesogen werden. Der Begriff hat es sogar zu einem eigenen Eintrag bei Wikipedia gebracht.

161 Bei diesem Gesichtsausdruck wird der Mund zu einem leicht geöffneten Schmollmund zusammengezogen, das Kinn ein wenig nach unten geneigt, die Wangen werden nach innen gesogen und die Augen leicht zusammengekniffen.

tuell ist wie das eigene Bild in den sozialen Medien, wird das Internet selbst zum göttlichen Background, der die Ikone erst zu etwas Heiligem transformiert.

#MOTIVATION — DIE NEUE DIGITALE ASKESE

Pamela Reif ist jung, hübsch und vor allem durchtrainiert und daher ein Vorbild für mehrere Millionen Follower auf Instagram. Ein Foto, das sie auf ihrem Account gepostet hat, zeigt sie sitzend auf einem Barhocker an einer Hotelbar auf Mykonos, nur in einem Bikini bekleidet und mit deutlich erkennbaren Bauchmuskeln. Neben dem Bild steht: »I'm so proud to have my abs back when sitting 😂😂😂 abs are a lot about posing, lighting & flexing but to actually have abs while sitting is something I didn't have for the last 1 year 😜😂 was extremely motivated the last months, consistent as hell, hit the gym about 5 times a week, didn't eat any processed sugars, cut & tracked my calories in order to lose that extra fat ... and tadaaaa: abs are back ...«[162]

Über 150.000 Likes gab es für das Foto und ihren Kommentar, dass sie auf Zucker verzichtet, Kalorien gezählt und reduziert sowie sich jede Woche fünf Mal im Fitnessstudio gequält hat, damit man nun ihre Bauchmuskeln auch im Sitzen sehen kann. Solche kleinen Geschichten präsentiert Pamela ihren Fans regelmäßig. Diese berichten von den Entbehrungen, die einen Superbody formen und ein erfülltes glückliches Leben ermöglichen. Der Weg dahin basiert auf harter Arbeit und Verzicht. Und wofür? Für das perfekte Bild in der digitalen Welt, das belohnt wird durch Likes, Klicks und Erlös(ung). Ein religiöser Gedanke, ein religiöses Leben? Oder doch nur Oberflächlichkeit und Selbstdarstellung?

---

162 Einzusehen unter:
https://www.instagram.com/p/BipcDVLB74z/?taken-by=pamela_rf
(aufgerufen am 12.11.2018).

Sieht man sich die Accounts von Pamela Reif und anderer Instagram-User an, wird die semantische und pragmatische Ähnlichkeit zur religiösen Askese deutlich. Die modernen Formen der Selbstkasteiung sind in vielen Facetten in den sozialen Netzwerken zu finden. Junge Frauen und Männer hungern sich zum idealen Körper, um auf den Posts gut auszusehen. Sie zeigen sich mit gestählten Muskeln, posten Bilder, wie sie sich im Studio oder bei sonstigen Sportarten quälen und wie sie vor kleinen, aber gesunden Essensportionen sitzen. Dabei geht es nicht nur um die Selbstdarstellung, sondern auch darum, den Prototypen eines idealen Lebensentwurfs zu präsentieren und die Botschaft von einem richtigen Leben zu kommunizieren und zu visualisieren. Dieses Ideal drückt sich in einem widerstandsfähigen, fitten und gestählten Körper und Geist aus, erreicht durch Disziplin, Strebsamkeit und Enthaltsamkeit.

Die User machen sich bereit, von Instagram, YouTube und Co. auserwählt zu werden. Sie transformieren sich zu Ikonen, zu spirituellen Führer(inne)n, die belohnt werden mit Followern, Likes und Shares und dank gesponserter Partnerschaften in ihrem irdischen Dasein »Erlös« erhalten.

Die asketische Lebensweise ist quasi religiös auf die jenseitige digitale Welt und auf den dieser Welt innewohnenden Gott »Internet« ausgerichtet. Dieser wird gnädig gestimmt, indem man der heiligen Gemeinschaft gefällt. Auf Instagram, Facebook, Twitter und Snapchat wird die frohe Botschaft verkündet, dass eine Hinwendung zum digitalen Gott durch Entbehrungen und Disziplin und eine Fokussierung auf das digitale Jenseits belohnt wird.

Damit sind Angebote wie Instagram, Facebook oder auch YouTube und Snapchat für die Influencer und solche, die es werden wollen, durchaus mit modernen virtuellen Sekten zu vergleichen. Die Manipulation des Denkens und Handelns ist schon bewusst in diesen Plattformen angelegt. Die digitalen Tools der neuen digitalen Glaubensgemeinschaften des Silicon Valley, also Facebook und Co., zielen bewusst auf die Schwäche der menschlichen Psyche ab, um die Menschen fest an ihre Plattformen zu binden.

Sean Parker, der Entwickler der Musik-Tauschbörse Napster und ehemaliger Präsident von Facebook, sagte während einer Veranstaltung der US-Nachrichtenwebsite Axios über die Plattformen wie Facebook und Instagram, dass diese bewusst so entwickelt seien, dass es ein starkes Belohnungs- und Bestrafungssystem gebe, durch das Dopamin-Kicks ausgelöst werden sollen.[163] Die Belohnung ist dabei vor allem sozialer Art, etwa in Form von Likes und Kommentaren anderer User. Das motiviert die Influencer, die Angebote aktiver zu nutzen und mehr Inhalte und Reaktionen zu produzieren. So entsteht ein Kreislauf der sozialen Bestätigung, der die Menschen immer fester an die digitale Community bindet. Dies geht so weit, dass das eigene Leben und die eigene körperliche Unversehrtheit aufs Spiel gesetzt werden, um ein aufmerksamkeitsstarkes Selfie posten zu können. Statt von »Selfie« wird hier schon von »Killfie« gesprochen, also von Bildern, bei dessen Aufnahme der Abgebildete ums Leben gekommen ist. Für ein gutes Selfie wird sogar das eigene Leben »geopfert«.

Obwohl sich die Entwickler von Facebook und Instagram also bewusst waren, dass es zu einer Art sozialer

163 o. V. (10.11.2017).

und digitaler Abhängigkeit kommen wird, haben sie »es trotzdem getan«.[164]

Die Kündigung der Mitgliedschaft kommt – wie der Ausstieg aus einer religiösen Sekte – einem schweren Vergehen gegen Gott gleich und wird mit totaler Löschung der Daten, Bilder, Posts und damit der virtuellen Identität in der Gemeinschaft bestraft. Solange man aber Mitglied bleibt, wird die Selbstbestimmung, das Recht auf Privatheit und die Hoheit über die Daten, abgegeben. Wenn neue Verordnungen und Gesetze erlassen und die Geschäftsbedingungen der Plattformen geändert werden, werden die User gezwungen, diese entweder anzunehmen oder die heilige Gemeinschaft zu verlassen.

164 o. V. (10.11.2017).

DIAGNOSE DER DIGITALEN MODERNE

Von der Digitalisierung der Welt zur Googleisierung der Gesellschaft

———————

DIE DIGITALISIERUNG DER WELT

Das Problem bei der kritischen Würdigung oder der Kritik an Unternehmen wie Google oder Apple und ihren Technologien liegt oft darin, dass damit im eigentlichen Sinne nur »Theologie« betrieben wird. Es wird eine als wahr vorausgesetzte und akzeptierte religiöse Lehre analysiert, über die dann geschrieben und diskutiert wird.

Aufklärung aber setzt nicht an den Organisationen oder an der Technologie an, sondern an den Weltbildern, die gewisse Denkhaltungen und Handlungspraktiken ermöglichen. So wurde auch in der Zeit der Aufklärung nicht die Kirche analysiert und kritisiert, sondern das Weltbild Schritt für Schritt verändert.

Digitale Aufklärung beginnt also mit der Analyse des gesellschaftlichen Gedankenfundaments der Digitalisierung. Ohne dieses Gedankenfundament könnten Unternehmen wie Google, Apple und Facebook, Amazon, Uber oder Airbnb nicht in diesem Maße funktionieren und ihre quasireligiösen Ideologien und Handlungsstrategien so erfolgreich verbreiten. Die digitale Technologie ist eine Folge und nicht etwa die Ursache der Digitalisierung der Welt und damit der Etablierung einer digitalen Religion. Kritik an der Technologie oder eine Abstinenz von dieser und von ihren Anbietern bringt daher wenig.

Die Strategien der Unternehmen und die Ausbreitung von deren Tools in allen menschlichen Lebensbereichen führen allerdings dazu, dass digitale Paradigmen das eigene Denken, Handeln und Fühlen immer stärker bestimmen, was wiederum eine beschleunigte Entwicklung digitaler Technologien nach sich zieht. Ein Teufelskreis aus der Digitalisierung des Lebens und der darauf aufbauenden Technologisierung des Alltags entsteht.

Sich daraus zu befreien beginnt mit dem Verständnis, dass man selbst das digitale Fundament baut, auf dem Google, Apple und Co. ihre Kirchen und Glaubensgemeinschaften errichten, die den Menschen beherrschen. Die Kenntnis der digitalen Denk- und Handlungsstrategien der modernen Gesellschaft ist unabdingbar, denn nur wenn man kritisch über das Thema der Digitalisierung statt über die digitale Technologie oder über die digitalen Kirchen diskutiert, kann es gelingen, einen anderen Umgang mit den Technologien und ihren Anbietern zu erlernen und sich aus der digitalen Glaubenslehre zu befreien.

DIE DIGITALE WELT IST NICHT DAS INTERNET / Ein wesentlicher Denkfehler besteht darin, dass Digitalisierung auf Informationstechnologie (IT) reduziert wird und damit auf die modernen Computer, die auf binären Rechenoperationen basieren, und deren Verknüpfung über IP-basierte[165] Netze. Oftmals wird Digitalisierung sogar noch weiter reduziert und mit dem bekanntesten IP-basierten Netzwerk gleichgesetzt: dem Internet.

So steht in der »Digitalen Agenda« der Bundesregierung: »Wir wollen durch die eigene Nutzung und Nachfrage moderner IT, durch zeitgemäße digitale Verwaltungsangebote und durch fortschrittliche IT-Sicherheit und Datenschutz Vorbild für die Digitalisierung in Deutschland sein.«[166] Die Bundesregierung definiert Digitalisierung implizit technologisch: Digitalisierung ist für sie IT!

---

165 IP steht für »Internet Protocol«.

166 Zu lesen unter: https://www.bundesregierung.de/
     resource/blob/997532/440736/10336b16d4db7c419d03bbec
     424c9e5e/2014-08-20-digitale-agenda-data.pdf?download=1.

Dieser Blick auf die sogenannte Digitalisierung ist viel zu eng, und digitale Aufklärung kann mit seiner Hilfe schon deswegen nicht gelingen, weil es völlig unmöglich ist, sich kurz- und mittelfristig ernsthaft aus der Technologie zu verabschieden. Unsere Welt hängt schon an der Kette »Online«.

Internet und Smartphones stellen aber ebenso wenig das Problem der »digitalen Demenz« der Menschen dar, wie der Kühlschrank oder die Mikrowelle das Problem der Übergewichtigkeit von Kindern sind. Vielmehr haben sich die Welt und das Denken über Jahrhunderte in ein digitales Weltbild transformiert, in das sich nun die Computer wunderbar einfügen. Digitalisierung ist das dominante Gedankengebäude, das sich in den letzten Jahrhunderten in Wissenschaft und Gesellschaft etabliert hat. Sie ist eine Ideologie, die exklusiv erklärt, wie die Welt, in der die Menschen leben, funktioniert. Die Ergebnisse der Digitalisierung müssen nun nur noch den Supercomputern zur Verarbeitung vorgesetzt werden, und diese wissen immer mehr mit den messbaren Informationen in Form von Nullen und Einsen anzufangen. Die Menschen erleben gerade also lediglich eine beschleunigte technologische Realisierung der Digitalisierung. Dieser Ideologie haben dann die Unternehmen des Silicon Valley ihre eigenen Glaubens- und Heilslehren hinzugefügt, die nun die Menschen und die Gesellschaft komplett umschließen.

Aber was ist Digitalisierung, wenn nicht IT?

PSST – ALLES IST DISKRET / Ein zentraler Begriff der Digitalisierung ist der der Information. In einem mathematischen Sinn und somit als digitale »Information« definiert, wird alles, was gemessen werden kann. Dafür müssen abzählbare und eindeutig unterscheidbare Mengen vorhanden und bestimmbar sein, die zu einem eindeutigen Zeitpunkt gemessen, erfasst und verarbeitet werden können. Eine digitale Information ist also alles, was zeit- und wertdiskret erfasst werden kann. »Diskret« bedeutet trenn- und unterscheidbar – so wie eine Null eindeutig von der Eins oder wahr von falsch trennbar ist. Diskret ist das Gegenteil von »kontinuierlich«, was bedeutet, dass etwas nicht abzählbar ist und auf unendlichen Mengen basiert.

Wachstumsprozesse zum Beispiel nimmt man kontinuierlich wahr. Man kann nicht sehen, wie Bäume, Gräser, Menschen oder Tiere »unterscheidbar« wachsen. Wenn aber die Körpergröße eines Menschen zu bestimmten Zeitpunkten gemessen und aufgeschrieben wird und dann die einzelnen Messpunkte in eine Matrix übertragen werden, die an der x-Achse die Zeit abbildet und an der y-Achse die Größe, wird eine diskrete Wachstumskurve sichtbar. Diese ist »digital«. Zu jedem Messzeitpunkt gibt es einen exakten Wert der Körpergröße.

Existieren ein Zeitsystem und ein Wertesystem für die Größe, so wie es das metrische System eines ist, in ziffernbasierter Form, ist die wesentliche Voraussetzung der digitalen Welt erfüllt.

Im Laufe der Jahrhunderte wurden diese Messsysteme immer exakter und genauer. Aus einer groben Tageseinteilung in morgens, mittags und abends wurde eine genaue Aufteilung in Stunden und dann in Minuten vorgenommen, und diese wurden wieder in Sekunden untergliedert usw. Aus groben Größen wie dem Tagesmarsch oder der Elle wurden exakt normierte Größeneinheiten wie der Meter, der wieder in Zentimeter und in Millimeter unterteilt wurde. Jedes Fleckchen Erde wurde inzwischen in exakte und unterscheidbare Werte einge-teilt – die Koordinaten. Werden diese in dezimaler Form angegeben, kann über beliebig viele Nachkommastellen die gewünschte Genauigkeit bei der Bestimmung eines Standortes erreicht werden. So steht das Brandenbur-ger Tor genau auf dem 52.5162827. Breitengrad und dem 13.3777534. Längengrad.

Seit Jahrhunderten werden immer mehr Dinge des Le-bens in diskrete Größen transformiert: Temperatur wird in Grad gemessen, Kleider- und Schuhgrößen werden in Ziffern dargestellt, und der Nährwert von Lebensmitteln wird unter anderem in Kilokalorien angegeben.

Die Einteilung der Welt in diskrete Mengen ist eine entscheidende Voraussetzung für die Erfassung unserer Realität durch Computer, die ihre Berechnungen mit dis-kreten Mengen durchführen.

VON A–Z – DIE ALPHABETISIERUNG DER WELT / Aus Google wurde Alphabet Inc., der Pfeil unter dem Logo von Amazon beginnt beim kleinen A und zeigt auf das z, und Apple beginnt mit dem ersten Buchstaben des wich-tigsten Konzeptes für die digitale Welt: dem Alphabet.

Ohne Alphabete gäbe es keine modernen Computer, denn um etwas wertdiskret darzustellen, bedarf es pas-sender Zeichen. Ein Alphabet ist in der Informatik (der Verbindung der beiden Worte »Information« und »Ma-thematik«) definiert als eine endliche Menge voneinander unterscheidbarer Symbole, auch Zeichen bzw. Buchsta-ben genannt. Das bekannteste Alphabet, das lateinische, umfasst eine diskrete Menge von 26 Zeichen, die eindeu-tig unterscheidbar sind, während das Ziffernsystem nur aus zehn Zeichen von 0 bis 9 besteht. Aus dieser Menge können unendlich viele Kombinationen gebildet werden, die eindeutig voneinander differenzierbar sind. Eine andere Form von Alphabet ist das System aus Noten und Zeichen wie den Schlüsseln, den Pausenzeichen und den Taktangaben: Musik kann als eine Kombination aus dieser Menge an Zeichen notiert werden.

In der modernen Gesellschaft wird immer mehr alphabetisiert, damit alles eindeutig unterscheid-, erfass- und abzählbar wird. Sieht man sich seinen Personalausweis an, dann ist auch die Nummer des Ausweises aus einer Kombination von Buchstaben und Ziffern zusammengesetzt. Mithilfe der Nummer kann der Computer eine Person eindeutig identifizieren; würde man nur Namen verwenden, würde die digitale Computerwelt nicht funktionieren, weil Max Meier nicht von einem anderen Max Meier zu unterscheiden wäre. In Supermärkten sind alle Produkte mit Barcodes versehen, unter denen die im Barcode abgebildeten Nummern stehen – sonst kann die Scannerkasse die Information nicht verarbeiten. Am Ende des Kaufprozesses steckt man eine Karte mit einer Kreditkartennummer in den nächsten ziffernbasierten Computer. Dieser veranlasst, dass eine Geldsumme von einer IBAN-Nummer auf eine andere IBAN-Nummer transferiert wird. So vernetzen sich alle Alphabete und Systeme logisch miteinander.

Nur wenn alles alphabetisiert ist, können Computer überhaupt funktionieren und ein logisches Netzwerk bilden. Die Software rechnet mit den unterscheidbaren Zeichen und überführt diese in ein System aus Nullen und Einsen.

LINKE HAND AM LINKEN GRIFF – DIE ALGORITHMISIERUNG DES LEBENS / Jeden Tag müssen Aufgaben bewältigt und Entscheidungen getroffen werden, und dies tut man, indem man in vielen, wenn nicht sogar in den meisten Fällen vorbestimmte Lösungswege beschreitet: beim Kochen, wenn man sich anzieht, wenn man arbeitet oder Sport treibt.

In der digitalen Welt wird dies ebenso gemacht – nur etwas reglementierter. Hier wird in den diskreten und alphabetisierten Mengen nach möglichst allgemeingültigen Lösungen für definierte Aufgaben gesucht. Der Lösungsweg wird in der Informatik »Algorithmus« genannt, was übersetzt eine »eindeutige Handlungsvorschrift zur Lösung eines Problems«[167] bedeutet.

Das moderne Leben, vor allem aber eine religiöse Lebensführung ist von Algorithmen bestimmt. Vieles ist heute uniformierter und gleichförmiger geworden als in den meisten Generationen und Kulturen zuvor, so gibt es in der menschlichen Sprache immer weniger Dialekte und regionale Sprachregeln, man verwendet immer häufiger die gleichen Marken, wenn man sich einkleidet, die gleichen Gerichte, wenn man kocht, und die gleichen Wege, wenn man zur Arbeit fährt.

Die Unterwerfung des Lebens unter Normen und Handlungsvorschriften hat für den Einzelnen den großen Vorteil, dass keine eigenen Problemlösungen gefunden werden müssen. Die bewussten kognitiven Leistungen des Gehirns sind anstrengend, und das menschliche Gehirn ist eher auf soziale Interaktion und Reproduktion ausgelegt[168] als auf die Lösung von komplexen Aufgabenstellungen.

Die einfache Erklärung auf der Rückseite eines Fertigprodukts, wie man das Essen in der Mikrowelle warm

167 Wikipedia, Stichwort: »Algorithmus«.
168 Spitzer (2012), S. 315.

macht, ist ein typischer Algorithmus des Alltags. Fast-Food-Ketten wären ohne exakte Handlungsanweisungen, wie man einen Burger oder Pommes zubereitet, wirtschaftlich nicht existenzfähig. Mit Kochen hat das nichts zu tun, es werden lediglich fest vorgegebene Abläufe ausgeführt. Alles soll gleichförmig, berechenbar und damit auch im Ergebnis vorhersagbar sein – und zwar für Kunden wie für die Betreiber.

Im Vergleich mit der digitalen Welt liegt der einzige Unterschied darin, dass dort eine Software und nicht mehr der Mensch die Algorithmen ausführt. Eine typische Aufgabe der Software stellt bei Netflix die Suche nach dem geeigneten Film für einen User mit bestimmtem Sehverhalten dar, bei Facebook besteht sie darin, die passenden Freunde vorzuschlagen und die den Nutzer interessierenden Inhalte auf der Timeline anzuzeigen. Ein Navigationssystem soll den schnellsten und kürzesten Weg unter allen möglichen Wegen zu einem Ziel auswählen, und bei Google geht es darum, die optimalen Suchergebnisse in Bezug auf einen konkreten Suchbegriff zu finden und dem Suchenden zu präsentieren.

Solche Algorithmen sind in einer eigenen Sprache geschrieben – in der Sprache der Mathematik. Der Algorithmus, auf dem die Suche von Google fußt und der nach einem der Gründer von Google, Larry Page, auch als PageRank bezeichnet wird, ist eine mathematische Formel:

$$PR_i = \frac{1-d}{n} + d \sum_{j \in \{1,\ldots,n\}} \frac{PR_j}{c_j}$$

Die Software, die die Webseiten durchsucht und die Ergebnisse auf der Suchergebnisseite von Google geordnet darstellt, basiert auf dieser Formel bzw. auf der abgebildeten mathematischen Funktion. Da diese Funktionen und Formeln formal richtig, also in der Sprache der Mathematik logisch und wahr sind, können sie automatisiert eingesetzt, überall verbreitet und skaliert werden. Der Mensch wird dazu nicht benötigt, denn der macht dies aus digitaler Weltsicht ohnehin viel schlechter.

Da man seinen Alltag mit Regeln und Ritualen durchzogen hat, ist es nicht verwunderlich, dass diese regelbasierten Abläufe nun von Hard- und Software übernommen werden. Wettervorhersage, Autonavigation, Partnersuche, Steuererklärung oder Rasterfahndung – die Welt wird immer mehr als ein zwar komplexes, aber regelbasiertes System angesehen. Die Menschen und die Gesellschaft haben sich algorithmisiert, und Religion hat durch die strengen Vorgaben von Geboten und Verboten, von Ritualen und Handlungsvorschriften ihren Teil dazu beigetragen.

Die eigene Ritualisierung des Lebens durch die digitalen Angebote der Unternehmen aus dem Silicon Valley ist vor allem deshalb kritisch zu sehen, weil diese so immer besser das Verhalten der Menschen vorhersagen und ihren Alltag bestimmen können. Dabei geht es allerdings nicht um das Verhalten einzelner Personen, sondern um die Wahrscheinlichkeit, mit der sie bestimmte Handlungen vollziehen.

ALLES IST WAHRSCHEINLICH, NICHTS IST SICHER / Auf der Anmeldeseite von Parship steht in fetten Lettern: »Glück lässt sich nicht berechnen. Aber die Bedingungen dafür, dass es sich ereignet, verbessern wir [...] deutlich –

und damit Ihre Chancen, den passenden Partner zu finden.«[169]

In dem Satz drückt sich ein wesentlicher Gedanke der digitalen Weltsicht aus: Prinzipiell ist alles berechenbar, allerdings nur in Wahrscheinlichkeiten formulierbar. Für den Einzelnen bleibt also immer die Unsicherheit bestehen, ob ihn das Glück trifft oder nicht.

Das Wahrscheinlichkeitsparadigma begünstigt die digitale Ideologie und die darauf basierende digitale Religion, denn wäre alles exakt zu berechnen, müssten immer die gleichen Ergebnisse herauskommen: Aus 1+1 wird immer 2. Das religiöse System würde sich schnell auflösen, wenn die Menschen prüfen könnten, ob die Formeln von Google und Co. stimmen oder nicht. In der digitalen Welt geht es aber eben nicht um exakte Berechnungen mit genau vorhersagbaren Ergebnissen, sondern darum, Chancen oder Möglichkeiten (beides sind nur andere Wörter für »Wahrscheinlichkeit«) abzuleiten.

In einer Vielzahl von Wissenschaftsrichtungen – von der Quantenphysik über die Sozialwissenschaften bis zur Medizin – hat sich inzwischen die Erkenntnis durchgesetzt, dass hinter allen Ereignissen der Natur keine exakten und deterministisch berechenbaren Naturgesetze verborgen sind, sondern die Welt einen Zufallscharakter aufweist, der einer Wahrscheinlichkeitsverteilung gleicht.[170]

Dem Leben der Menschen, ihrer Gesundheit, der Gesellschaft liegt angeblich eine Wahrscheinlichkeit zugrunde, die kalkulierbar und in Prozent ausdrückbar ist.

---

169 Zu lesen unter: https://www.parship.de/tour/parship-prinzip/ (aufgerufen am 07.12.2018).
170 Gast (10.05.2018).

Je besser die Realität gemessen werden könne, umso besser seien die Vorhersagen.

Ökonomen berechnen die Wahrscheinlichkeit eines Börsencrashs, Menschen erhalten Diagnosen in Form von Wahrscheinlichkeitsaussagen, und Schüler und Studenten glauben, dass sich ihre Chancen auf eine erfolgreiche Prüfung anhand der Durchfallquote der letzten Klausur berechnen ließen.

In der Stochastik lässt sich die Wahrscheinlichkeitsverteilung zwischen 0 und 1 einordnen, womit sie sehr gut zu der digitalen Technologie und den modernen Computern passt, die Informationen mit Nullen oder Einsen verarbeiten.

In jedem Bit[171] steckt ein »verschlüsselter« Wahrscheinlichkeitswert, denn ein Bit umfasst immer die Ergebnismenge 1 und 0. Etwas kann nur entweder 0 oder 1 sein, beide gehören jedoch zusammen. Ein Bit entspricht daher einer Wahrscheinlichkeit von ½.

Übertragen auf einen Lichtschalter bedeutet dies: Der Schalter kann entweder »an« oder »aus« sein. »An« entspräche dann der 1, »aus« der 0. Wenn man raten soll, ob der Lichtschalter in einem Zimmer auf »an« oder »aus« steht, liegt die Trefferwahrscheinlichkeit bei 50 %. Wenn es nun zwei Lichtschalter in diesem Zimmer gibt, existieren insgesamt vier mögliche Kombinationen oder Ergebnisse. Alle können »aus« sein, dies würde man binär als »00« darstellen, oder »an«, das wäre dann »11«. Steht jeweils nur ein Schalter auf »an« und der andere auf »aus«, ergäbe dies »01« und umgekehrt »10«. Vier mögliche Ergebnisse stellen also 2 Bit Information dar und drücken

---

171 Bit steht für »Binary Digit«, auf Deutsch »paarweise auftretende Ziffer«, also 0 und 1.

zugleich die Wahrscheinlichkeit ¼ aus. Wichtig dabei ist, dass Denken in Bit immer auch Denken und Rechnen mit Wahrscheinlichkeiten darstellt.

Bit und Wahrscheinlichkeit können in einer digitalen Weltsicht mit Entscheidungen verknüpft werden, denn dort werden Entscheidungen in diskrete, also in abzählbare Mengen überführt. Aufstehen oder liegen bleiben? Mathematisch ausgedrückt hat diese Entscheidung, die Menschen morgens treffen, 1 Bit Information. Hemd oder T-Shirt anziehen? 1 Bit Information. Blaues, rotes, grünes oder schwarzes T-Shirt auswählen? 2 Bit Information. Tee oder Kaffee? 1 Bit. Alles kann in Entscheidungsmengen unterteilt werden. Am Ende ist alles in Wahrscheinlichkeiten ausdrückbar und auf Bit reduzierbar. Und je besser und klarer man sein Leben strukturiert, umso berechenbarer wird es.

Konsequent zu Ende gedacht, wäre es also klug, solche Entscheidungen von einem Computer treffen zu lassen, denn mit Wahrscheinlichkeiten – also mit Nullen und Einsen – rechnen kann jeder Computer besser als der Mensch. Egal ob es darum geht, den nächsten Film auszuwählen, den man bei Netflix ansieht, oder darum, welche Reise man bei booking.com als Nächstes buchen soll – Computer berechnen die optimale Wahl. Computer und künstliche Intelligenz helfen dem begrenzt rationalen Menschen bei seiner »rational Choice«.

»Digital« bedeutet daher also auch, dass man glaubt, es wäre möglich, aus einer Menge von denkbaren Ergebnissen die optimale Wahl zu treffen. Der richtige Moment für den Hauskauf, der beste Job oder der passende Partner – alles ist quantifizierbar und in Wahrscheinlichkeiten ausdrückbar. Als optimal wird dabei die Entscheidung betrachtet, die die höchste Eintrittswahrscheinlichkeit in Bezug auf die messbaren Ergebniszustände aufweist.

Handelt der Mensch gegen das Gesetz der Ziffern und entscheidet sich gegen die rational richtige, also die statistisch wahrscheinlichste Lösung, hält die neue digitale bzw. ziffernbasierte Glaubenslehre dies für falsch und unklug und bezeichnet es als »Bias« oder »systematischen Entscheidungsfehler«.

Ein rational geführtes Leben stellt in der digitalen Religion ein gottgefälliges Leben dar. Abweichendes, irrationales Verhalten ist zwar menschlich, führt aber zu schlechten Ergebnissen. Da aber dennoch alles weiterhin einem gewissen Zufall und einer gewissen Unsicherheit unterliegt, begibt man sich am besten in Gottes Hand, der einem den Rest an Unsicherheit nehmen wird, wenn man nur auf ihn und seine Logik vertraut und nicht durch irrationales Verhalten stört. »Rational Choice« ist immer auch »holy Choice«.

KONTROLLE – BITTE MACH, DASS ES GUT WIRD / Am Ende mündet alles in der Hoffnung der Menschen, dass eine durchrationalisierte und berechenbare und damit digitale Welt zur Kontrolle über das Leben beitragen wird. Die digitale Technologie soll die eigene Unsicherheit reduzieren und das Leben verlässlich gestalten.

Auch wenn immer mehr im Alltag nur noch auf Wahrscheinlichkeitsmodellen basiert und nicht auf tatsächlich gemessener Realität, verhält man sich entsprechend den Prognosen. So werden die Staus, die in Google Maps oder auf den Navigationskarten in Autos angezeigt werden, aus Wahrscheinlichkeitsrechnungen abgeleitet und basieren nur zum Teil auf einer Messung der Situation am jeweiligen Ort. Die Messungen werden mit anderen Daten und Werten aus der Vergangenheit kombiniert und auf Basis komplexer mathematischer Verfahren verarbeitet. Das Ergebnis, das der Computer am häufigsten ausgibt, wird dann auf dem Display angezeigt.

Nach diesem Prinzip funktionieren auch Wettervorhersagen und sogar aktuelle Wetteranzeigen – es sind berechnete Wahrscheinlichkeiten. Aus aktuellen Messwerten des Wetterzustandes in der Atmosphäre zu einem bestimmten Zeitpunkt werden mittels stochastischer Verfahren Szenarien für Wetterzustände zu späteren Zeitpunkten berechnet.[172] Dem User wird das wahrscheinlichste Szenario angezeigt, und alle anderen Optionen fallen unter den Tisch oder werden nur mit Prozentwerten angegeben. Zeigt eine Wetter-App das Sonnensymbol und darunter steht »40 % Regenwahrscheinlichkeit«, heißt das konkret, dass ein Computer in 60 % aller Berechnungen einen Sonnentag kalkuliert hat, in 40 % aller Berechnungen regnet es laut seiner Kalkulation. Die Qualität der Vorhersage hängt von den verwendeten mathematischen Formeln, den gemessenen Daten an bestimmten Messpunkten zu bestimmten Messzeiten und den stochastischen Ergebnissen dieser Berechnungen ab.

Dennoch glauben immer mehr Menschen, dass durch Wahrscheinlichkeitsberechnungen und die Auswahl des optimalen Ergebnisses das eigene Leben kontrollierbar wird. Wird Sonne vorhergesagt, nimmt man keinen Schirm mit, wird hingegen Regen vorhergesagt, dann eben schon.

»Kontrolle« bedeutet in diesem Kontext immer auch, die Ergebnisse mit den Vorhersagen abzugleichen und die Systeme daraufhin anzupassen. Damit schließt sich

172 von Au (20.01.2017).

der digitale Kreis, und ein Kreislauf von Messen, Berechnen, Vorhersagen, Kontrollieren und dann wieder von vorn entsteht. Die Welt ist zu einem kybernetischen System geworden. Es geht um die optimale und automatisierte Steuerung und Regelung von Maschinen, lebenden Organismen und sozialen Organisationen.[173] Ziel ist es, Kontrolle über diese zu erhalten. Je mehr die Menschen messen und dann die Ist-Werte mit den vorher prognostizierten Soll-Werten abgleichen, um anschließend die rational, also logisch und mathematisch richtigen Schlüsse zu ziehen, umso besser soll das Leben werden. Der Mensch und die Gesellschaft befinden sich in einer sich selbst optimierenden und selbst kontrollierenden Dauerschleife – genau wie jeder Computer.

COMPUTER – DIE KRÖNUNG DER SCHÖPFUNG / Die digitale Ideologie besagt, dass sich die gesellschaftliche Wirklichkeit quantifizieren und mit einem riesigen Computer vermessen, berechnen und vorhersagen lässt. Der Mensch selbst ist auch nur ein Computer, der aber schlechter rechnen kann als echte Rechenmaschinen. Deshalb erscheint es sinnvoll, immer mehr Dinge des menschlichen Seins und Tuns den richtigen Computern zu überlassen.

Schon Konrad Zuse, einer der grundlegenden Entwickler des modernen Computers, sagte, dass es wahrscheinlicher sei, dass der Mensch einem Computer ähnlicher wird als der Computer einem Menschen.[174] Die neue digitale Glaubenslehre hat die Welt inzwischen so umgestaltet, dass sie zu den Funktionsprinzipien eines

173 Wikipedia (o. D.).
174 Zu lesen unter: https://de.wikiquote.org/wiki/Konrad_Zuse.

Computers passt, und den Menschen dort eingefügt. So finden sich im Sprachgebrauch dann auch immer mehr Analogien, die den Menschen als Computer beschreiben: Soll man sich etwas merken, spricht man von »speichern«, Erinnerungen werden »abgerufen«. Das Gehirn wird als »Festplatte« bezeichnet, und diese wird »gelöscht«, wenn man zu viel gefeiert und getrunken hat und sich an nichts erinnern kann. Selbst Kritiker der digitalen Technologie verwenden solche Sprachanalogien. So bezeichnet Manfred Spitzer das Gehirn in seinem Buch »Digitale Demenz« als »biologische Hardware« und unsere Lebenserfahrung als »Software«.[175] Die Ideologie der digitalen Welt ist bis zu ihren Kritikern vorgedrungen.

175 Spitzer (2012), S. 225.

DIE GOOGLE-ISIERUNG DER GESELLSCHAFT

Es sind in Summe vier Elemente, mit denen sich die Digitalisierung beschreiben lässt und auf deren Grundlage eine Ideologie der Rationalität entstanden ist:

1. Einteilung der Welt in eindeutig differenzierbare und abzählbare Einheiten (Diskretisierung),
2. Überführung dieser Einheiten in Zeichen- oder Symbolsysteme (Alphabetisierung),
3. Suche nach Aufgabenstellungen und formal richtigen Lösungen innerhalb der Zeichensysteme (Algorithmisierung),
4. Berechnung der optimalen Entscheidung innerhalb aller möglichen Ergebnisse im Sinne einer Häufigkeitsverteilung (Wahrscheinlichkeitsberechnung).

Eine mathematische Welt stellt die höchste Form der Vernunft dar, alle anderen Weltbilder und Lösungen sind irrational und damit dem digitalen Weltbild unterlegen. Diese Sichtweise stellt die heute dominierende Ideologie unserer Gesellschaft dar.

Nach Marx ist eine Ideologie ein System aus »Ideen und Weltbildern, die sich nicht an Evidenz und guten Argumenten orientieren, sondern die darauf abzielen, Machtverhältnisse zu stabilisieren oder auch zu ändern«.[176] Diese Weltbilder dienen als richtige und einzig akzeptable Orientierung bei der Lösung aller gesellschaftlichen Probleme.

Das Schwierige und auch Gefährliche am digitalen Weltbild liegt aber genau darin, dass diese Ideologie nur aus Evidenz und logischen Schlüssen und Formeln besteht. Immer häufiger wird geglaubt, dass die gesell-

176 Zu lesen unter: https://de.wikipedia.org/wiki/Ideologie.

schaftlichen Probleme mittels Mathematik und rationaler Herangehensweise gelöst werden könnten und dass dies den einzig richtigen und akzeptablen Weg darstelle. Rationalisierung ist das höchste Gut in unserer Gesellschaft. Computer, Software-Algorithmen und die sich daraus entwickelnde künstliche Intelligenz sind im mathematisch-logischen Denken, in der Berechnung von Wahrscheinlichkeiten und den daraus zu ziehenden logischen Schlüssen nachweislich milliardenfach besser als Menschen. Es erscheint also nur logisch, dass sich Computerprogramme in allen Bereichen des menschlichen Lebens ausbreiten sollen.

Diesen Prozess der Ausweitung der Rationalisierung kann man in Anlehnung an den deutschen Philosophen Jürgen Habermas als eine Art »Googleisierung der Gesellschaft« durch die Verbreitung der ideologisch aufgeladenen digitalen Technologie verstehen. Damit ist gemeint, dass die Handlungsstrategien aus zweckorientiert und rational gestalteten Systemen, wie vor allem das Wirtschaftssystem eines ist, in die Lebenswelt der Menschen eindringen, deren Wirklichkeit eigentlich nicht zweckorientiert und durchrationalisiert ist. Einen solchen Vorgang analysierte Jürgen Habermas in seiner 1981 erschienenen »Theorie des kommunikativen Handelns« und nannte ihn »Kolonialisierung der Lebenswelten«.[177] Dieses Eindringen führe zu bestimmten Sozialpathologien unserer Gesellschaft. Habermas sieht »die größte Bedrohung der Gesellschaft [...] in der Zerstörung der Spezifik menschlicher Kommunikationsstrukturen durch eine sich immer mehr ausbreitende Bürokratie«.[178]

177 van Reijen (1990), S. 76.
178 Ebd., S. 77.

Ersetzt man »Bürokratie« durch »Digitalisierung«, erhält man eine relativ gute Beschreibung der aktuellen gesellschaftlichen Situation.

Der Begriff »Googleisierung« wird deshalb gewählt, weil Google bzw. das Mutterunternehmen Alphabet Inc. diese Ideologie am besten repräsentiert und bisher auch am konsequentesten wirtschaftlich umgesetzt hat. Google möchte durch diese neue Ideologie die eigene Macht festigen und alte Machtverhältnisse ablösen. So können Google und andere Unternehmen wie Apple, Amazon oder auch Facebook in sämtliche Bereiche des gesellschaftlichen und privaten Lebens eindringen.[179] Die Ideologie öffnet ihnen alle Türen.

KORRELATION IST KAUSALITÄT / Bei der Beurteilung der Digitalisierung und der digitalen Technologie wird immer seltener zwischen Fakten und den mit der Technologie verbundenen Erwartungen differenziert. Wissen und Hoffnung werden vermischt – leider auch von der Politik. So heißt es in der »Digitalen Agenda« der Bundesregierung: »Ein Gegensatz zwischen ›realer‹ und ›virtueller‹ Welt existiert nicht. [...] Die Menschen leben zunehmend in einer digital vernetzten Welt: am Arbeitsplatz, in der Schule oder Universität und in ihren eigenen vier Wänden. Digitalisierung erleichtert die medizinische Versorgung: Röntgenbilder und Krankenberichte sind für den behandelnden Arzt schneller verfügbar, in schwierigen medizinischen Fällen können Spezialisten sogar von jedem Ort der Welt live bei Operationen assistieren.

---

179 Eine persönliche Abneigung oder Feindseligkeit gegenüber Google besteht nicht, Google repräsentiert diese Ideologie lediglich am besten.

Diese zielgerichtete Vernetzung wird eine bessere Diagnose und Behandlung ermöglichen. Auf diesem Weg wird Telemedizin in Zukunft die erstklassige medizinische Versorgung in allen Teilen Deutschlands, vor allem im ländlichen Raum, unterstützen. Auch die Vereinbarkeit von Familie und Beruf wird durch die zunehmende Digitalisierung erleichtert und bald werden wir entscheiden können, ob wir unser Auto selbst fahren wollen oder es fahren lassen. Digitale Systeme können aber noch viel mehr. Sie steuern unsere Stromnetze, verbessern die Nutzung erneuerbarer Energien und machen unsere Fahrzeuge umweltschonender.«

Unkritisch wird die digitale Ideologie übernommen: Versprechen und Hoffnungen statt Erklärungen dafür, warum ausgerechnet die digitale Technologie all diese positiven Veränderungen bewirken kann. Die digitale Technologie erscheint als einzig richtige und akzeptable Lösung für alle gesellschaftlichen Probleme. Korrelation allein genügt.

Die Medizin hat sich verbessert, also liegt es an der digitalen Technologie. Korrelation wird mit Kausalität gleichgesetzt, und die Paradigmen des digitalen Heilsversprechens werden in allen Gesellschaftssystemen verankert und unreflektiert übernommen.

Es wird angenommen, dass Überwachung und Datenerhebung Gesellschaften sicherer machen und dazu beitragen würden, Terror zu verhindern und Verbrechen schneller aufzuklären. Deshalb wird eine verschlüsselte und private Kommunikation und die Verteidigung des Rechts des Bürgers auf diese Privatheit immer häufiger als Feind einer sicheren Gesellschaft gesehen. Auf der einen Seite wird so getan, als ob der Bürger vor der Nutzung der privaten Daten durch Unternehmen geschützt werden soll, zum Beispiel durch die neue Datenschutz-Grundverordnung, auf der anderen Seite wird aber der Zugriff der Behörden auf die Daten der Bürger immer stärker ausgeweitet. So wurde erst Mitte 2017 vom Deutschen Bundestag das schärfste Überwachungsgesetz aller Zeiten verabschiedet,[180] und im Koalitionsvertrag der neuen Regierung wurde die Einführung zahlreicher Maßnahmen in Bezug auf die Sammlung, Speicherung und Verwendung von Daten zur polizeilichen Ermittlung vereinbart: Dazu gehören die Ausweitung der DNA-Analyse in Strafverfahren sowie die Erweiterung und Verschärfung der Videoüberwachung inklusive eines automatisierten Identifizierungs- und Verhaltensscannings.[181] Die Polizei soll mithilfe von Statistik und Stochastik herausfinden, wann und wo ein Verbrechen stattfinden wird, um vorher dort zu sein und es zu verhindern,[182] eine Praxis, die in immer mehr Ländern Realität geworden ist. Wer seine Daten freiwillig preisgibt und sich datenmäßig und damit statistisch korrekt verhält, der hat wenig zu befürchten.

Hier wird ein ideologisches Paradigma der digitalen Welt deutlich: Überwachung ist gut, und die Analyse von Daten und die Berechnung sowie die Vorhersage von Anschlägen oder sonstigen Verbrechen sind möglich und machen die Welt sicherer. Wahrscheinlichkeiten und Prognosen werden zukünftig als vorweggenommene Realität betrachtet und nach diesen Wahrscheinlichkeiten gehandelt. »Minority Report« lässt grüßen.[183]

---

180 Gruber et al. (22.06.2017).

181 Reuter (07.02.2018).

182 Brühl (12.12.2014).

183 In diesem Film beschrieb Steven Spielberg 2002, wie die Polizei anhand von Voraussagen, wer ein Verbrechen begehen wird, Menschen verhaftet und bestraft.

ANWENDUNG IST AUFKLÄRUNG IST ERLEUCHTUNG / Gleichzeitig dringt die digitale Ideologie weiter in den Bildungsbereich ein. Kinder sollen durch die Verwendung von Computern und das Erlernen von Programmiersprachen über die Digitalisierung und Technologisierung aufgeklärt werden.

Im Grunde ist das so, als würde man Bierbrauen und Biertrinken unterrichten, wenn über Sucht und Suchtgefahren aufgeklärt werden soll. Warum nicht backen, wenn es um Ernährungsaufklärung geht? Führt das Wissen darüber, wie man eine Technologie nutzt und »füttert«, dazu, dass man sie kritisch und aufgeklärt betrachten kann?

Immer häufiger wird Anwendung als Aufklärung angesehen. Dazu passt ganz gut, dass im Englischen zwischen den Begriffen »Erleuchtung« und »Aufklärung« nicht differenziert wird: Beides heißt »Enlightenment«. Wer anwendet, der wird erleuchtet und aufgeklärt zugleich.

Unternehmen wie Google und Apple liefern die Lernmaschinen, damit die Kinder von den religiösen Werkzeugen erleuchtet werden und die Heiligkeit direkt erleben dürfen. In den USA bietet Google den Schulen sehr günstige Hard- und Software an, und in München hat Google gleich eine eigene Schule eröffnet, in der sich Kinder, Jugendliche und Manager kostenlos fortbilden können. Dort sollen die Start-up-Gründer erfahren, wie sie ihr Produkt mit Google-Diensten erfolgreicher gestalten können, und Schüler können mit den Programmier-Tools von Google lernen, wie man mit den Anwendungen von Google selbstfahrende Roboter baut. Unterstützt wird dies durch die bis 2018 als Internetbotschafterin der Bundesregierung tätige Professorin Dr. Gesche Joost. Mit der von ihr gegründeten gemeinnützigen Calliope GmbH arbeitet sie mit Google im Bereich der Aus- und Fortbildung von Kindern zusammen.[184]

COMPUKRATIE — DIE HERRSCHAFT DER MASCHINEN / Durch die Googleisierung entsteht eine Art virtuelles Gebäude, das den Menschen und sein Denken und Handeln umschließt und aus dem er sich rational nicht befreien kann, da die Mauern erst durch die Rationalisierung entstanden sind. Ein derartiges Gebäude hat bereits Max Weber zu Beginn des 20. Jahrhunderts beschrieben. In seinem 1922 postum veröffentlichen Werk »Wirtschaft und Gesellschaft« schrieb er, dass sich wirkliche Herrschaft in der Art und Weise ausdrücke, wie eine bürokratische Verwaltung im Alltagsleben angewandt werde. Und diese Herrschaft würde unvermeidlich in den Händen des Beamtentums liegen.[185] Max Weber erkannte, dass die Menschen bei einer fortschreitenden Rationalisierung, die als zivilisatorischer, erstrebenswerter Fortschritt bewertet würde, irgendwann in ein »Gehäuse der Hörigkeit« eingesperrt würden, aus dem sie nicht mehr entkommen könnten.

Die Rationalisierung, die stark von Religionen angestoßen worden sei, bezeichnete Max Weber als eine »leblose Maschine«, die die Macht besitze, »die Menschen in ihren Dienst zu zwingen und den Alltag ihres Arbeitslebens so beherrschend zu bestimmen, wie es tatsächlich in der Fabrik der Fall ist«.[186] Die Bürokratie (Herrschaft des Schreibtischs) sah Max Weber hingegen als eine »le-

184 Held (17.07.2017).
185 Weber (1980), S. 825.
186 Ebd.

bende Maschine«. Diese zeichne sich durch eine bürokratische Organisation mit entsprechender Spezialisierung von geschulten Facharbeitern aus, durch klare Abgrenzungen der Kompetenzen, durch Regelwerke in Form von vorgeschriebenen Handlungsabläufen und Gesetze, die etabliert und befolgt werden müssen, sowie hierarchisch abgestufte Gehorsamsverhältnisse.

Beide Maschinen zusammen formten das »Gehäuse der Hörigkeit«, in das sich die Menschen, wie »Fellachen im altägyptischen Staat, ohnmächtig zu fügen gezwungen sein werden, wenn ihnen eine rein technisch gute und das heißt: eine rationale Beamten-Verwaltung und -Versorgung der letzte und einzige Wert ist«.[187]

In einer bürokratischen Herrschaft steht die rationale Entscheidungskompetenz im Mittelpunkt der Legitimation. Weil sich alle an die gleichen rational begründeten Spielregeln bzw. Gesetze halten müssen, führt diese Herrschaftsform weder zu einer Bevorzugung noch einer Benachteiligung des Einzelnen. Wiederholt auftretende Probleme werden nach einem vorgefertigten Schema gelöst.

Dies erweist sich als treffende Vorhersage über die modernen Gesellschaften, allerdings mit einer für Max Weber nicht vorhersehbaren Abweichung: Nicht mehr der Mensch wendet die Regeln und Schemata, also die Algorithmen an, sondern die Maschinen selbst. Die leblose Maschine der Rationalisierung und die lebenden Maschinen der Bürokratisierung sind verschmolzen zu der Maschine »Künstliche Intelligenz«. Aus der »Herrschaft des Schreibtischs« wurde die »Herrschaft der Computer« – Compukratie statt Bürokratie.

187 Ebd., S. 825 ff.

Keine Bevorzugung, keine Benachteiligung – vor der KI sind alle Menschen gleich, denn die Maschine trifft die Entscheidungen am besten, und das ohne Emotion, ohne Abweichung von den rationalen Vorgaben.

Das menschliche Leben und der Alltag werden mehr und mehr von KI und Computer bestimmt. Automatisierte softwaregesteuerte Prozesse werden immer zentraler in Ökonomie und Gesellschaft, der Mensch immer abhängiger von emotionslosen, kalkulierenden Softwarealgorithmen, die am Ende bestimmen, ob man einen Kredit, eine Wohnung, eine Versicherung, eine Arztbehandlung oder einen Job erhält. Jeder Mitarbeiter in den Behörden oder in den Unternehmen kann sich auf die Maschine berufen und sich so von der Bürde der Entscheidung befreien, wenn er dem Bittsteller etwas verweigert: »Der Computer sagt Nein!« Der Mensch ist vom Treffen einer Entscheidung entbunden und muss sich nicht rechtfertigen. Softwarealgorithmen, umgeben von Computergehäusen, sind die höchsten Werte der digitalen Moderne, und Softwareunternehmen, die den Menschen diese Regelwerke zur Verfügung stellen, werden wirtschaftlich hoch bewertet. Die größten Produzenten dieser Algorithmen – Apple, Amazon, Microsoft, Alphabet und Facebook – waren Mitte 2018 die fünf Unternehmen mit der höchsten Marktkapitalisierung der Welt – jedes mit einer Bewertung von über 500 Milliarden Euro.[188] Apple ist sogar das erste Unternehmen, das eine Marktkapitalisierung von mehr als einer Billion Dollar aufgewiesen hat. Max Webers prognostiziertes »Gehäuse der Hörigkeit« wird heute in Silizium geätzt.

---

188 EY (2017), S. 2.

VIRTUELLES OPIUM FÜR DIE NETZGEMEINDE / Damit sich alle freiwillig in das »Gehäuse der Hörigkeit«, das die digitalen Technologien darstellen, begeben, wird es von den Unternehmen aus dem Gelobten Tal zu etwas Heiligem transformiert. Diese Verzauberung erfolgt über die Verwandlung der rationalen und berechenbaren Welt in einen neuen Garten Eden. Über diesen neuen Garten Eden predigen die Unternehmen und ihre zahlreichen Evangelisten, und die Menschen glauben, dass Rationalität der Weisheit letzter Schluss ist. So vermengen sich Rationalität und Emotionalität in der digitalen Religion.

Das Ziel der Verzauberung und der digitalen Verblendung besteht darin, das neue, allumfassende Herrschaftsprinzip unkenntlich zu machen und es so einer kritischen Betrachtung zu entziehen. Durch die Transformation der digitalen Technologie in eine digitale Religion ist Kritik nicht möglich, denn diese stellt immer Kritik an einer göttlichen Macht dar, die Gutes bewirkt.

Karl Marx definierte in der »Kritik der Hegelschen Rechtsphilosophie« Religion als »Seufzer der bedrängten Kreatur, das Gemüt einer herzlosen Welt, wie sie der Geist geistloser Zustände ist. Sie ist das Opium des Volkes.«[189] Das Schmerzmittel Opium lasse die Menschen ihre Schmerzen ertragen, statt dass sie gegen die Ursachen ihrer Not ankämpften. Die Schmerzen würden gelindert, weil die Religion die Menschen auf das Jenseits vertröste, so die Argumentation von Karl Marx.

Ähnliche Mechanismen lassen sich in der digitalen Religion erkennen. In der modernen vernetzten und komplizierten Welt ist der Einzelne allein immer weniger lebensfähig und abhängig von stark verbundenen

189 Marx (1999), S. 379.

Systemen, die er nicht versteht, die jedoch Macht über sein Leben ausüben. Diese starke Vernetzung löst Stress aus, weil der Einzelne sich immer häufiger bestimmten Situationen machtlos ausgeliefert fühlt. Dadurch steigt der Stresspegel,[190] der durch die religiösen Strategien von Google und Co. wieder reduziert wird, indem der digitalen Technologie, die den Menschen beherrschen soll, Sinn und Vertrauen eingehaucht werden. Wenn auch der Einzelne die Zusammenhänge nicht versteht, so ist doch alles in einen höheren Bedeutungs- und Zweckzusammenhang eingebunden. Die virtuelle Gottheit hat einen Plan mit der Welt, der sich in der digitalen Ökonomie offenbart. Die digitale Religion wird zum Schmerzmittel gegen die Leiden der digitalen Neuzeit, die sie selbst produziert.

Die Googleisierung führt zu dem selbst gebauten, virtuellen Gehäuse der Hörigkeit, das durch die digitale Religion zementiert und verfestigt und mit Spiritualität beseelt wird. Darin fühlt sich das Leben besser an als in einer rationalen leblosen Welt. Die religiösen Praktiken beruhigen den Menschen und lassen ihn darauf vertrauen, dass alles gut wird. Die digitale Religion und das neue Wort Googles, geschrieben von Alphabet Inc., wird über die Welt verbreitet und durchdringt alles und alle.

Denn Google ist das Reich und die Herrlichkeit in Ewigkeit. Amen.

---

190 Spitzer (2012), S. 247 f.

DIGITALE AUFKLÄRUNG

Vom digitalen Imperativ zur
Flucht aus Algotraz

———————

Immanuel Kant untersuchte in seinem Werk »Kritik der reinen Vernunft« die Grundlagen der Erkenntnisfähigkeit des Menschen. In diesem sah er ein rational begrenztes Wesen, das mit seinen eingeschränkten Wahrnehmungs- und Verstandesmöglichkeiten versuche, die Realität zu erfassen und zu interpretieren. Niemals könne er aber die Wirklichkeit »an sich« erkennen.[191] Die fundamentalen Fragen des Seins, wie die nach der Existenz eines Gottes, der Seele oder dem Anfang der Welt, könne der Mensch nicht lösen. Die Grenzen dessen, was er mit seinem Verstand erreichen könne, wolle er aber nicht akzeptieren und diese Grenzen möglichst weit nach hinten schieben. Aber egal wie weit, er komme nie ans Ziel.[192] So weit Kant.

Aber was, wenn nur der Verstand des Menschen dies nicht kann? Der Mensch mag ja in seiner Wahrnehmung limitiert sein, die künstliche Intelligenz ist es nicht. Und diese künstliche Intelligenz, vollkommen rational, bringt ihn bald über diesen Rand der Erkenntnis hinaus. Der Tag der Singularität ist nah.

Der Mensch verfügt nur über fünf Sinne, aber heute können immer mehr Sensoren eine Wirklichkeit messen und interpretieren, die weit über den Verstandes- und Sinnesmöglichkeiten des Menschen liegt. Ist es also doch möglich, absolute Erkenntnis durch Rationalisierung herzustellen?

Die digitale Welt und die daraus entstandene digitale Technologie sind reine Vernunft, reine Rationalität. Dank der Digitalisierung wird also nicht etwa ein Filter über den Menschen gelegt, wie es oft behauptet wird; im

191 Kant (2010), S. 369.
192 Schnädelbach (05.10.1984).

Gegenteil – durch die Digitalisierung wird der Schleier der begrenzten Erkenntnis gelüftet, und der Mensch hat endlich freie Sicht auf die Realität an sich. Stellt sich nur die Frage, was er als begrenztes Wesen damit anfangen kann.

Die Herausforderung im Sinne einer digitalen Aufklärung besteht also genau darin, nicht die Erkenntnisse der Wissenschaft infrage zu stellen, sondern zu fragen, welche Bedeutung diese für den Einzelnen hat. Die digitale Weltsicht erweist sich immer dann als besonders gefährlich, wenn deren mathematischen und physikalischen Erkenntnisse nicht mehr nur Wissen darstellen, sondern diese ohne kritischen Diskurs zur Handlungsmaxime für die einzelnen Menschen und damit implizit für die Gesellschaft als Ganzes erhoben werden. In Abwandlung des berühmten kategorischen Imperativs von Kant könnte man heute den digitalen Imperativ folgendermaßen formulieren: »Handle nur nach derjenigen Maxime, die stochastisch optimal ist und zugleich als Algorithmus für eine Software dienen kann.«

Ist diese Maxime aber wirklich haltbar und für den Menschen sinnvoll?

DIE WELT IST UNSCHARF, NICHT 0 ODER 1

Ein wesentliches Paradigma der digitalen Ideologie ist die Aufteilung der Welt in abzählbare und berechenbare Mengen. Innerhalb dieser kann dann jedem Element ein exakter ziffernbasierter Wert zugewiesen werden (Diskretisierung). So wird Temperatur in Grad, Größe in Millimetern gemessen, und wenn man etwas isst, wird der Nährwert von Lebensmitteln in Kalorien oder Joule angegeben. Immer mehr Dinge und Tätigkeiten des menschlichen Lebens werden in Ziffern (oder besser gesagt in Alphabete) eingeteilt und abgezählt.

Man zählt Kalorien, die man zu sich nimmt und die man »verbrennt«, man zählt die Schritte, die man täglich geht, die Stunden, in denen man arbeitet, und die, in denen man schläft. Und für alles werden digitale und internetbasierte Tools angeboten, die einem helfen, das Leben zu quantifizieren. Aber ist Realität »quantifizierbar«? Messen die Menschen die Temperatur oder fühlen sie diese? Und was sagt die Anzahl an Kalorien, ja was sagen Kalorien überhaupt aus? Haben 300 Kilokalorien für jeden Menschen die gleiche Bedeutung, und was bringt es, Kalorien zu zählen? Ist Zeit messbar oder nur ein kontinuierlicher Bewusstseinsstrom, der sich einer Bemessung eigentlich entzieht?

Digitale Aufklärung beginnt mit den Ideen, Konzepten und Erkenntnissen der Quantenphysik. In dieser Weltsicht ist die Welt gequantelt. Physikalische Größen und Elemente können immer nur in bestimmten »Portionen« auftreten und weisen keine gleitenden Übergänge auf. Schon Max Planck entdeckte, dass Energie nicht unendlich zerteilt werden, sondern nur in bestimmten

Energiepaketen, den Quanten, auftreten kann.[193] Und Albert Einstein bewies, aufbauend auf Plancks Entdeckung, dass Licht auf der einen Seite eine elektromagnetische Welle ist, diese aber wiederum aus Photonen, also Teilchen, besteht. Letztere können immer nur einen gewissen Energiezustand haben oder nicht. Übergänge gibt es nicht.[194] Was hat das aber mit digitaler Ideologie und digitaler Aufklärung zu tun?

In der digitalen Weltsicht wird die Welt am Ende immer in Nullen und Einsen und als ziffernbasiert beschreib- und erfassbar gedacht. Dies impliziert, dass die menschliche Realität aus einzelnen, voneinander unterscheidbaren Elementen und Teilchen besteht, die beliebig auseinandergenommen und wieder zusammengesetzt werden können.

Ein Foto besteht aus Pixeln, die innerhalb einer Matrix an einem bestimmten Ort einen bestimmten Farbwert haben. Dieser kann zum Beispiel nach dem RGB-Farbraum angegeben werden, einem additiven Farbraum aus den Farben Rot, Grün und Blau, in dem 255/0/0 für Rot steht. Sind die Codes und deren Orte innerhalb der Matrix bekannt, kann jedes Bild an jedem Ort des Universums exakt wieder zusammengebaut werden. Der Computer erstellt einen Bauplan eines Objekts, das von einem anderen Rechner nach dem Bauplan und dem vorgegebenen Algorithmus wieder zusammengesetzt wird.

Dies ist ganz gut mit dem Ikea-Prinzip vergleichbar. Man kauft einzelne Teile, die zu Hause nach einem bestimmten Plan und einer Anleitung zu dem Schrank zusammengesetzt werden, den der Käufer in der Möbelaus-

193 Stigler (o. D.).
194 Ebd.

stellung gesehen hat. Eigentlich kauft man bei Ikea also Teile und einen Algorithmus: Aus beidem zusammen entsteht ein Schrank.

Der Mensch ist es gewohnt, in Teilen und Algorithmen zu denken. Aber dieses Denken und diese Weltinterpretation stimmen nur zum Teil. In Bezug auf das Licht formulierte der renommierte und inzwischen emeritierte amerikanische Physikprofessor Ralph Baierlein die Theorie, dass Licht sich als Welle ausbreitet, aber seine Reise als Teilchen antritt und sie auch als Teilchen beendet. Licht ist also beides, Teilchen und Welle, und es sei sinnlos, es auf die eine oder andere Eigenschaft beschränken zu wollen.[195]

Die von dem deutschen Physiker und Nobelpreisträger Werner Heisenberg formulierte Unschärferelation besagt Ähnliches. Laut ihr sind Aufenthaltsort und Impuls eines Quantenobjekts nicht gleichzeitig exakt messbar, ein minimaler Rest an Unsicherheit – entweder über den Ort eines Teilchens oder über dessen Geschwindigkeit – bleibe immer bestehen.[196] Man kann also entweder die Geschwindigkeit eines Objekts exakt messen oder den Aufenthaltsort eines Objekts, aber nie beides zugleich. Es ist also, im übertragenen Sinne, möglich, die exakte Geschwindigkeit eines fahrenden Autos zu messen, aber nicht zur gleichen Zeit dessen exakten Aufenthaltsort. Zudem führe eine genaue Bestimmung des Orts zu einer Beeinflussung bzw. Verzerrung des Impulses und umgekehrt. Man könnte sagen, dass ein Quantenobjekt anscheinend nicht genau weiß, wohin es will und

195 Ebd.
196 Ebd.

wo es sich befindet, sondern nur so ungefähr.[197] Wenn man versucht, es zu vermessen, zwingt man es, sich festzulegen, zerstört dabei aber andere Informationen. Um den Ort des Autos exakt zu bestimmen, müsste man es anhalten und zerstört dadurch die Information der Geschwindigkeit, und bei einer exakten Messung der Geschwindigkeit geht der genaue Standort verloren.

Die philosophische Aussage dahinter besteht darin, dass sich die Erkenntnis über Realität dem Beobachter entzieht. Die Unschärfe der Wirklichkeit ist kein Messfehler, sondern das Wesen der Natur. Auch genauere Messungen können Unschärfe nicht beseitigen. Hatte Kant also doch recht?

Übertragen auf das Leben bedeutet dies, dass der Mensch selbst sowohl kontinuierlich als auch diskret ist, und zugleich, dass der Einzelne nicht exakt vermessen werden kann. Wenn er vermessen wird, wenn er beobachtet wird, wenn er gezwungen wird, sich festzulegen, werden andere Informationen ausgeblendet, ignoriert, zerstört oder neu hinzugefügt. Damit ist es fraglich, ob es sinnvoll ist, immer mehr, immer exakter und immer häufiger zu messen. Zweifelsohne sind bestimmte Dinge im Leben mess- und zählbar, andere aber wiederum nicht. Das Alter kann in Jahren, Tagen und Stunden, ja sogar Minuten bestimmt werden, aber das legt nicht das Alter in einem biologischen Sinne fest. Temperatur kann anhand von Technologie zwar ziffernbasiert gemessen werden, aber der Mensch nimmt Temperatur und deren Änderungen subjektiv und nicht sprunghaft wahr. Daher gibt es inzwischen den Begriff der gefühlten Temperatur, im Gegensatz zur gemessenen. Paradoxerweise wird

197 Ebd.

auch die gefühlte Temperatur wieder in Grad angegeben, obwohl diese ja eine völlig subjektive und individuelle Größe darstellt. Jeder kann Kalorien zählen, aber nicht jeder verarbeitet diese genau gleich. Man sollte lernen, diese Unschärfe des Lebens zu akzeptieren, statt zu glauben, dass eine bessere Vermessung immer auch zu besseren Ergebnissen führt. Zudem sollte man überlegen, wann es sinnvoll ist, zu messen und exakt zu sein, und wann es eine gute Strategie ist, inexakt und unmessbar zu bleiben.

Richtet man sein Leben ausschließlich am digitalen Weltbild aus, führt es unweigerlich zum Unglück, weil man sich immer stärker in das digitale Gehäuse der Hörigkeit einsperrt. Wenn Glück, Zufriedenheit und emotionales Empfinden in Kilokalorien pro Tag, Körperfett in Prozent, Anzahl an Likes und Followern und Messages über WhatsApp definiert wird, was passiert dann, wenn sich das gute Gefühl dennoch nicht einstellt? Wie sieht dann für den Einzelnen die Handlungsalternative aus? Noch weniger Körperfett, mehr Schritte, mehr Likes? Die Gefahr ist groß, dass man in einen ziffernbasierten und religiös akzeptierten Selbstoptimierungszyklus einsteigt, aus dem es kein Entrinnen mehr gibt. Denn Achtung – auch die Vier-Tage-Woche, das Grundeinkommen von 1.500 Euro oder 30 Tage digitale Fastenzeit basieren auf dem gleichen Paradigma: »Zählen ist gut.«

Dem ziffernbasierten Weltbild sollten also wieder andere Weltinterpretationen hinzugefügt und gesellschaftlich legitimiert werden.

WEDER BERECHENBAR NOCH VORHER-SAGBAR – WAHR-SCHEINLICHKEIT IST NICHTS FÜR MENSCHEN

Im Mai 2014 wurde die Wahrscheinlichkeit, dass die deutsche Nationalelf den WM-Titel im selben Jahr gewinnen wird, mit 20,33 % angegeben.[198] Und tatsächlich gewann die DFB-Auswahl den Pokal. Vier Jahre später bezifferte das Schweizer Investmentbanking-Institut UBS die Wahrscheinlichkeit eines erneuten Triumphes der deutschen Mannschaft bei der WM in Russland sogar mit 24,0 %. Auf den Plätzen folgten Brasilien mit 19,8 %, Spanien mit 16,1 % und England mit 8,5 %.[199] Gewonnen hat Frankreich.

Obwohl sich Prognosen immer wieder als unzutreffend erweisen, verbreitet sich der Glaube, die Zukunft in Quotienten und Wahrscheinlichkeiten ausdrücken und darstellen zu können. Man könnte das berühmte Zitat des deutschen Philosophen Hegel neu formulieren und sagen: »Wenn die Prognose nicht mit der Realität übereinstimmt, dann liegt die Realität falsch und nicht die Prognose.«[200] Nichts ist gewiss, aber alles ist wahrscheinlich, und es ist nicht ratsam, gegen die Wahrscheinlichkeit anzutreten, denn da verliert man sicher.

In einer googleisierten Gesellschaft sind Prognosen und Wahrscheinlichkeitsaussagen allgegenwärtig, und die digitalen Tools und Plattformen ermöglichen immer

---

198 o. V. (13.05.2014).

199 SID (18.05.2018).

200 Das Zitat von Hegel lautet: »Wenn die Tatsachen nicht mit der Theorie übereinstimmen, umso schlimmer für die Tatsachen.« Zu lesen unter: https://www.aphorismen.de/zitat/180707 (aufgerufen am 02.07.2018).

mehr eigene Wahrscheinlichkeitsberechnungen. »98 % Übereinstimmung« heißt es, wenn man sich Filmvorschläge bei Netflix ansieht. »Wahrscheinlich wirst Du Dein Wunschgewicht in 15 Tagen erreichen«, zeigen einem die Apps, mit denen man seine Kalorien zählt. Man spricht von Wahrscheinlichkeiten in Bezug auf das Wetter, von Unfallwahrscheinlichkeiten im Haushalt und im Straßen- oder Flugverkehr. Die Chancen, glücklich zu werden, oder die Antwort auf die Frage, wie lange eine Ehe hält, wird in Prozent angegeben. Und in der Medizin trifft man immer häufiger auf Prognosen, wenn es darum geht, den Eintritt einer Erkrankung zu prognostizieren oder die Überlebenschancen bei erkrankten Patienten anzugeben. Welche Wahrscheinlichkeit ist damit aber gemeint und was sagt sie für den Einzelnen aus?

Insgesamt gibt es drei Wahrscheinlichkeitsbegriffe: zwei, die in der digitalen Ideologie dominant sind, und einen, den man verwendet, wenn der »durchschnittliche« Mensch von Wahrscheinlichkeit spricht. Leider sind diese nicht kompatibel, und die in der digitalen Welt dominanten Ansätze haben keine Aussagekraft für den Einzelnen.

»Wahrscheinlichkeit« benennt erstens die mathematisch mögliche Verteilung eines real messbaren Ergebnisses – wie das eines Würfelwurfs. Ein Wurf kann nur die Zahl 1 bis 6 ergeben. Zweitens kann mit »Wahrscheinlichkeit« die Unkenntnis über ein eintreffendes Ergebnis – vor dem Würfelwurf – ausgedrückt werden. »Wenn ich eine 3 würfeln möchte, dann beträgt die Wahrscheinlichkeit ⅙, dass das gewünschte Ereignis auch eintritt.« Und drittens – und das ist in der Regel implizit gemeint – kann »Wahrscheinlichkeit« als Maß der Glaubwürdigkeit, die jemand einer Aussage beimisst, interpretiert werden.[201] Zum Beispiel: »Ich bin mir zu 50 % sicher, dass ich eine 3 würfeln werde.« Oder auch: »Ich bin mir zu 90 % sicher, dass ich die Klausur bestanden habe.«

Die ersten beiden Definitionen sind in einem physikalischen und damit messbaren Sinne gemeint. Die Wahrscheinlichkeit ist das Maß für die physikalische Möglichkeit des Eintritts eines Zufallsereignisses.[202] Sie spielen in der Welt der digitalen Technologie und bei den internetbasierten Unternehmen die dominante Rolle: Da heute durch immer mehr Sensoren immer mehr gemessen werden kann, können darauf aufbauend immer mehr Wahrscheinlichkeiten berechnet und in Form von Prozenten oder in Bits ausgegeben werden.

In der Stochastik werden also konkrete Ereignisse als abstrakte Teilmengen einer vorgegebenen Ergebnismenge betrachtet.[203] Ein konkretes Beispiel soll das verdeutlichen: Ein Würfel hat eine vorgegebene Ereignismenge. Es gibt nur sechs mögliche Ergebnisse von 1 bis 6. Wenn man einen Würfel wirft, erhält man ein konkretes Ergebnis aus dieser Menge, zum Beispiel die 4. Die Wahrscheinlichkeit beträgt ⅙, dass eine gesuchte oder gewünschte Zahl geworfen wird.

Mit den zunehmenden technischen Möglichkeiten können heute immer mehr Ereignisse gemessen, erfasst und verarbeitet werden. Dadurch entstehen aus physikalischer Sicht immer mehr »Ergebnismengen«, innerhalb derer jedes einzelne Ergebnis und Ereignis mit Wahrscheinlichkeiten bewertet werden kann.

201 Martin (2014), S. 14.
202 Ebd.
203 Ebd., S. 12.

In dieser Welt ist der Nutzer nur ein winziges Messergebnis unter Milliarden. Mit immer mehr messbaren Interaktionen werden für Google und Co. jedoch Muster erkennbar, die sich wirtschaftlich verwerten lassen. Die Nutzer sind die abstrakte Teilmenge innerhalb der vorgegebenen Ergebnismengen von Google, Facebook, booking.com oder Uber, aber auch der NSA, der Schufa und anderer Organisationen. Aus winzigen Ereignissen werden Wahrscheinlichkeiten berechnet, etwa die, mit der man irgendwohin fährt, oder die, mit der man zu einer terroristischen Vereinigung gehört, die, mit der man seinen Kredit zurückzahlt oder einen Autounfall verursacht, oder eben die, mit der man auf eine Werbeanzeige klickt.

In diesem statistisch-stochastischen Weltbild ist es jedoch in Wahrheit unmöglich, dem einmaligen Ereignis oder einem bestimmten Menschen eine Wahrscheinlichkeit zuzuordnen. Für das ganz konkrete einzelne Individuum können keine individuellen Wahrscheinlichkeiten vorhergesagt werden.

Dies liegt daran, dass das Ergebnis eines konkreten Ereignisses nur aus der Erfahrung und damit nachträglich festgestellt werden kann, und zwar aus der statistischen Analyse der gemessenen Informationen. Basierend auf dem Gesetz der großen Zahlen von Jakob Bernoulli nähert sich aber mit einer wachsenden Zahl an Ereignissen (oder an Versuchen) die relative Häufigkeit des betrachteten Ereignisses seiner Wahrscheinlichkeit an. Die Wahrscheinlichkeit wird hier als Grenzwert der relativen Häufigkeiten des Ereignisses definiert. Etwas konkreter formuliert: Wenn man einen Würfel sechs Mal wirft, dann wird es eher selten vorkommen, dass alle sechs Würfelwerte genau ein Mal erscheinen, also die

1, 2, 3, 4, 5 und die 6. Es wird irgendeine Verteilung geben, bei der eine Zahl öfter auftritt als eine andere, die 3 zum Beispiel zwei Mal, die 6 hingegen gar nicht. In diesem Fall läge die real gemessene Wahrscheinlichkeit der 3 bei 33,33 % und die der 6 bei 0 %. Wenn man nun aber den Würfel 6.000 Mal wirft und alle Zahlen, die gefallen sind, in eine Liste schreibt und deren Häufigkeiten zählt, dann wird sich die Verteilung der geworfenen Ergebnisse der statistischen Wahrscheinlichkeit angleichen: Die 1 wird vielleicht 999 Mal vorkommen, die 2 1.003 Mal und so weiter – jede Zahl also ungefähr 1.000 Mal. Dies nennt man den »frequentistischen Ansatz« der Stochastik.[204] Dieser ist häufig innerhalb der digitalen Welt anzutreffen.

Noch einmal zurück zur Vorhersage über den Ausgang der Fußballweltmeisterschaft 2018 durch die UBS: Die Ergebnismenge bei der WM ist festgelegt – es spielen 32 Mannschaften und nur eine kann Fußballweltmeister werden. Zudem sind die Abfolge, wer gegen wen in der Gruppenphase spielt, und alle möglichen Paarungen, die sich in den K.-o.-Runden ergeben können, bekannt, da die Regelwerke (Algorithmen) eindeutig sind. So spielt der Gewinner einer Gruppe gegen den Zweitplatzierten einer anderen Gruppe und so weiter. Um nun zu Ergebnissen zu gelangen, werden alle möglichen gemessenen Daten und einige Zufallsvariablen in den Computer eingegeben. Zu diesen Daten und Variablen gehören die Anzahl der geschossenen Tore der Mannschaften bei den letzten Weltmeisterschaften, wie weit die Teams gekommen sind, der Wert der Spieler auf dem Markt etc. Auf Grundlage dieser Daten werden mit bestimmten statistischen Verfahren Berechnungen angestellt, und zwar Tausende

204 Martin (2014), S. 15.

Male. Die WM, die in dieser Konstellation in der Realität nur ein Mal stattfindet, wird für einen Computer nun zu einem wiederholbaren Ereignis, das virtuell ausgespielt wird. Am Ende sieht man sich die Häufigkeitsverteilung der Ergebnisse an und gibt diese in Prozent aus. Der Computer der UBS-Bank wendete dabei die sogenannte Monte-Carlo-Simulation an und spielte insgesamt 10.000 Mal virtuell die Fußballweltmeisterschaft 2018 durch. Die relative Häufigkeit wurde dann als Wahrscheinlichkeit des Gewinns definiert – und in dem virtuellen Spiel hat Deutschland die WM eben 2.400 Mal gewonnen.[205]

Dieses frequentistische Modell bildet die Grundlage vieler digitaler Plattformen, angefangen bei Google und Facebook über Netflix und Spotify bis hin zu Wetterseiten. Einem einmaligen Ereignis kann mit ihm jedoch keine Wahrscheinlichkeit zugeordnet werden.

Für die digitale Ideologie und die Algorithmen von Google und Co. sowie für die Menschen als deren Gläubigen und Nutzer hat dies weitreichende Implikationen. Zum einen müssen digitale Unternehmen und Systeme, die auf der digitalen Glaubenslehre basieren, groß (im Sinne von vielen messbaren Ereignissen) werden. Dann stimmt die Gesamtheit der Verteilung. Einzelne Abweichungen davon sind im Gesamtkontext wirtschaftlich irrelevant. Solange x % auf die Werbung bei Google und Facebook klicken und diese Zahl berechenbar und für die Werbekunden vorhersehbar ist, funktioniert das Business-Modell. Solange nur y % aller versicherten Autofahrer einen Unfall bauen, funktioniert das Modell der Kfz-Versicherer.

205 SID (18.05.2018).

Im Ergebnis führt dies dann jedoch dazu, dass alle, die eine andere Wahrscheinlichkeit im Sinne einer Abweichung der wirtschaftlich sinnvollen Verteilung aufweisen, mehr bezahlen müssen oder gleich draußen bleiben sollen. Wenn Hausbesitzer in Regionen, in denen die Gefahr für Hochwasser groß ist, erst gar keine Hochwasserversicherung abschließen können,[206] wird dann auch wieder die passende wirtschaftlich relevante Wahrscheinlichkeit produziert.

Damit dennoch Vorhersagen auch über das Verhalten des Einzelnen getroffen werden können, wollen Unternehmen wie Google, Netflix, Airbnb oder Uber, dass die User die Seiten und Angebote häufig und rituell nutzen. Dadurch gibt es immer weniger einmalige Ereignisse und mehr Wiederholungen, und die Berechnungen und Vorhersagen werden besser. Die Angebote, von denen man glaubt, dass sie einem Kontrolle über das eigene Leben in chaotischen Zeiten bringen, beruhen also auf Wahrscheinlichkeiten, die man selbst produziert, und Google und Co. profitieren davon wirtschaftlich.

Kann es dem User bei Netflix und Co. noch relativ egal sein, ob die Wahrscheinlichkeitsaussagen für ihn selbst zutreffend sind, wird die Übernahme dieses Denkmodells dann kritisch, wenn solche Prognosen stärker auf das Leben und Handeln der Menschen einwirken, wie zum Beispiel im Medizinbereich. Dort können Prognosen über Krankheitsverläufe und Eintrittswahrscheinlichkeiten von Krankheiten zu konkreter psychischer Belastung und falschen Behandlungen führen. So kritisiert der deutsche Psychologe Gerd Gigerenzer, dass von zehn Frauen, deren Mammografie-Ergebnis auf Brust-

---

206 Breitinger (02.06.2016).

krebs hinweist, nur eine tatsächlich daran erkrankt ist.[207] Neun Frauen werden also falsch behandelt und psychisch stark belastet. Inzwischen mehren sich die Zweifel, ob mit einer Früherkennung tatsächlich Leben gerettet werden oder ob am Ende nicht mehr Schaden als Nutzen angerichtet wird.[208] Erschwerend kommt hinzu, dass viele Mediziner die Daten und die Prognosen nicht korrekt interpretieren können. Als Gigerenzer bei einem Lehrgang Medizinern die statistischen Ergebnisse der Mammografie-Befunde präsentierte, konnten nur 21 % der Ärzte diese richtig bewerten.[209]

Welche Auswirkungen das Denken in Wahrscheinlichkeiten und der Glaube daran haben können, zeigt sich an dem Beispiel von Angelina Jolie. Da ihre Mutter mit 56 Jahren an Brustkrebs starb, unterzog sie sich einem Gentest, der als Ergebnis hervorbrachte, dass sie mit 87-prozentiger Wahrscheinlichkeit ebenfalls an Brustkrebs erkranken wird. Aus diesem Grund entschied sie sich zu einer doppelten Brustamputation. Ein mutiger und heldenhafter Schritt, wie Medien wie Die Welt befanden.[210]

Was genau eine 87-prozentige Wahrscheinlichkeit aussagt, wird in keinem der Berichte erklärt. Für die einzelne Person sagt sie tatsächlich gar nichts aus, so wenig wie die Vorhersage des Ausgangs der Fußball-WM 2018 für das tatsächliche Ergebnis. Denn auch bei den Genanalysen werden die Informationen durch ein Computermodell Tausende Male berechnet und dann ausgege-

207 Gigerenzer et al. (2009), S. 36.
208 Grill et al. (2014).
209 Gigerenzer et al. (2009).
210 Vowinkel (14.05.2013).

ben, wie häufig es innerhalb der Berechnungen zu einer Mutation der Zellen zu Krebs gekommen ist. Angelina Jolie aber hat diese Zahl im Hinblick auf ihren subjektiven Glauben an die Aussagekraft von Wahrscheinlichkeitsberechnungen interpretiert – Computerwahrscheinlichkeit trifft menschliche Interpretation.

In der Person Jolies trifft der Glaube an mathematische Wahrscheinlichkeit anschaulich mit zwei anderen religiösen Denkmustern der digitalen Welt zusammen. Die Brüste werden künstlich nachgebildet, was der Handlungspraxis der Entweltlichung und Verkünstlichung entspricht, und zugleich wird Angelina Jolie zu einer Ikone stilisiert, indem ihre Handlung als heldenhaft dargestellt wird. Ziffern lügen nicht, künstlich gesund ist besser als wahrscheinlich krank, und ein gottgefälliges (also ziffernhöriges) Verhalten ist vorbildlich.

Bedenkt man, dass Google, Apple und andere sich immer stärker auch im Bereich der Medizin engagieren und in Zukunft immer mehr Menschen Gesundheitsanalysen und Prognosen auf Basis mathematischer Algorithmen und stochastischer Datenanalysen erhalten werden, zeigt sich, wie problematisch das Eindringen der digitalen Ideologie in die Lebenswelt der Menschen ist.

Von Google gibt es bereits eine Form der KI, mit der das Unternehmen anhand der Analyse der Krankengeschichte eines Menschen unter anderem angeblich den Tod der Person vorhersagen kann. Diese Software wurde bereits testweise in Krankenhäusern eingesetzt. Bei einer an Krebs erkrankten Patientin, die in eines dieser Krankenhäuser eingeliefert wurde, errechneten die Ärzte anhand mehrerer Faktoren eine 9,3-prozentige Wahrscheinlichkeit, dass die Patientin ihren Krankenhausaufenthalt nicht überleben wird, der Algorithmus von Google hingegen schätzte die Wahrscheinlichkeit, dass sie während dessen stirbt, um 19,9 % höher ein. Also tatsächlich nur unwesentlich höher, nämlich auf 11,15 %. Tatsächlich starb die Frau einige Tage später in dem Krankenhaus.[211]

Seitens der Medien wird dies als herausragende Leistung der KI gesehen, ohne tatsächlich zu verstehen, was solche Vorhersagen bedeuten und welchen Sinn sie haben. Die Frau starb; damit lagen alle Prognosen deutlich daneben, und für die Betroffene war es am Ende egal, was die Wahrscheinlichkeit ausgesagt hat.

Was aber soll man künftig mit solchen Prognosen tun? Sich am besten gleich umbringen? Oder sollen Patienten nach Wahrscheinlichkeiten behandelt werden, die Computer berechnen?

Immer häufiger wird auf Basis von Informationen gehandelt, deren Ursprung man nicht kennt, von denen man auch nicht weiß, wie genau sie zustande kommen, und mit denen man im Grunde herzlich wenig anzufangen weiß. Nun springt die digitale Glaubenslehre ein, denn der Mensch kann damit zwar nichts anfangen, sehr wohl aber die künstliche Intelligenz. Diese kann dem Menschen die Interpretation abnehmen und an seiner Stelle die richtigen Entscheidungen treffen. Statt also den Menschen aufzuklären und das Wahrscheinlichkeitsparadigma kritisch zu betrachten, wird erneut alle Hoffnung auf einen digitalen Heilsbringer gesetzt. Wenn der Mensch unfähig ist, mit Wahrscheinlichkeiten umzugehen, muss es eben eine (göttliche) Maschine machen, am besten eine von Google, Apple oder Facebook.

In Bezug auf das Wahrscheinlichkeitsparadigma ist für den Menschen jedoch weniger das Denken in Wahr-

211 Sandoval (19.06.2018).

scheinlichkeiten kritisch als vielmehr das Handeln nach diesen, ohne sie verstanden zu haben, was sie bedeuten und ob sie überhaupt eine Relevanz für das eigene Handeln haben. Um es in Gigerenzers Worten auszudrücken: »Glaub keiner Statistik, die du nicht verstanden hast.«[212]

212 Gigerenzer et al. (2009), S. 34.

FLUCHT AUS ALGOTRAZ – DAUMENREGELN STATT ALGO-RITHMEN

Mehr Informationen und mehr Berechnungen führen zu besseren Entscheidungen – so eine These der digitalen Weltsicht. Wenn also Google mehr Patienteninformationen hat, dann kann ein noch besserer und genauerer Algorithmus die Todeswahrscheinlichkeit noch genauer berechnen. Je mehr man sich vermessen und sich mit den Daten berechnen lässt, umso eher ist es möglich, »richtige« Entscheidungen von einem Computer treffen zu lassen. Die Welt gleicht am Ende einem Schachspiel, bei dem die optimale Strategie mittels mathematischer Algorithmen berechnet werden kann. Jeder Zug und jede Entscheidung unterliegen einer (bedingten) Wahrscheinlichkeit, ob diese letztlich zum Erfolg führt oder nicht.

Anders als im Leben kann in einem Schachspiel die optimale Strategie tatsächlich mathematisch berechnet werden, und so unterliegt jeder Zug einem »Risiko«. Der Begriff »Risiko« impliziert, dass die genauen Wahrscheinlichkeiten bekannt sind und berechnet werden können.[213] In einem einfachen Spiel wie »Schere, Stein, Papier« gibt es nur zwei mögliche Ergebnisse: gewinnen oder verlieren. Somit beträgt das Risiko »zu verlieren« 50 %. Und da es drei mögliche Auswahloptionen gibt, die jeder Spieler wählen kann (Schere oder Stein oder Papier), gibt es insgesamt neun mögliche Spielkombinationen. Somit sind »alle« relevanten Informationen bekannt, mit denen nun die optimale Strategie unter Berücksichtigung des Risikos gewählt werden kann. Die optimale Strate-

---

213 Neth (2014), S. 46.

gie kann nur unter dieser Bedingung durch die Anwendung mathematischer Funktionen und statistischer und stochastischer Modellierung gewählt werden. Wenn es kein Risiko gibt, gibt es keine Wahrscheinlichkeit.

Gut oder blöd, dass die Menschen in diesem Sinne eigentlich gar keinem Risiko ausgesetzt sind, sondern das Leben an sich unsicher ist. Unsicherheit bedeutet, dass man die präzisen Bedingungen zur Berechnung von Wahrscheinlichkeiten für Erfolg oder Misserfolg seiner Entscheidung nicht kennen und diese also nicht berechnen kann.[214]

Entscheidungen unter Unsicherheit zu treffen konnten die Menschen bisher auch ganz gut ohne Mathematik und Stochastik. Weder Ratten oder Affen noch Menschen treffen in der Regel berechnete, also mathematisch korrekte Entscheidungen, sondern entscheiden anhand von Daumenregeln. Ein etwas wissenschaftlicherer Begriff für Daumenregeln ist »Heuristik«. Eine Heuristik stellt eine praktikable Lösung dar, die auf begrenztem Wissen beruht und wenig Zeit in Anspruch nimmt. Diese sind daher nicht mathematisch-logisch, sondern ökologisch.[215] Die Grundlage hierfür bilden individuelle Erfahrungen und überlieferte Verhaltensweisen, abgeleitet aus der jeweiligen Umweltsituation. Heuristiken sind keine exakten Vorgaben und keine mathematischen Gleichungen und daher auch nicht entweder gut oder schlecht, nicht wahr oder falsch und damit in einem binären Sinn nicht entweder 0 oder 1. Vielmehr hängt deren Qualität

---

214 Diese Differenzierung geht auf den US-amerikanischen Ökonomen Frank Knight zurück, der zwischen einem mathematisch berechenbaren Risiko und einer nicht kalkulierbaren Unsicherheit unterscheidet (in: Neth (2014), S. 46).

215 Gigerenzer/Gaissmaier (2011), S. 451.

von den jeweiligen Situationen ab, in denen sie eingesetzt werden.

Ratten wenden bei der Auswahl von Futter eine relativ einfache Regel an: Das Futter, welches sie schon mal bei anderen Ratten gerochen haben, wird unbekanntem Futter vorgezogen. Diese Entscheidungsstrategie nennt man »Wiedererkennungsheuristik«. Es wird die Option bevorzugt, die man schon kennt. Auch die Menschen verwenden andauernd solche Daumen- oder Faustregeln. So gehen sie eher in Geschäfte oder Restaurants, die nicht leer sind, und bevorzugen oft das, was sie kennen, statt sich andauernd für Neues und Unbekanntes zu entscheiden.

Es gibt immer mehr Belege dafür, dass die Vorhersagegenauigkeit einfacher Heuristiken genauso hoch oder höher sein kann als die eines viel komplexeren mathematischen Modells mit deutlich mehr Informationen.[216] So kann man beim Autofahren mit einfachen Regeln ziemlich gut die Zeit abschätzen, die man braucht, um ans Ziel zu gelangen. Wenn man von Hamburg nach München fahren will, nimmt man als Daumenregel die Zahl der Kilometer und setzt, wenn kein hohes Verkehrsaufkommen zu erwarten ist, pro 100 Kilometer eine Stunde an. Für die Strecke Hamburg–München kann man also mit einer Fahrzeit von acht Stunden rechnen. Gibt man bei Google die Strecke ein und lässt sich die Fahrzeit anzeigen, so wird dort ebenfalls fast immer ein Wert um acht Stunden berechnet – nur wird er »exakter« angegeben. So ging Google bei der Abfrage am 20.09.2018 um 10:30 Uhr von einer Fahrzeit von acht Stunden und

216 Gigerenzer/Gaissmaier (o. D.).

zwei Minuten aus. Digital ist eben immer auch ganz exakt, also ganz diskret.

Allerdings können Heuristiken nur begrenzt auf andere Umfelder übertragen werden, und bisweilen ist die Übertragung auf andere Umfelder sogar gefährlich.

Unternehmen, speziell diejenigen, die in der digitalen Ökonomie agieren, nutzen die falsche Übertragung der Heuristiken durch Menschen auf andere Umfelder aus. So profitieren Unternehmen wie Apple oder Google enorm von der sogenannten Halo-Heuristik (»Heiligenschein-Heuristik«). Hierbei schließt der Mensch unbewusst von einer positiven Eigenschaft eines Menschen (oder eben einer Marke) auf alle anderen Eigenschaften eines Menschen oder einer Marke. Hat also Apple ein Mal ein innovatives Produkt entwickelt, dann sind auch alle anderen Produkte innovativ. Durch ihre religiösen Strategien und den starken Einsatz von Symbolen verstärken Unternehmen wie Apple, Facebook, Google und andere diesen Effekt ganz bewusst (vgl. oben S. 75).

Bestimmte Entscheidungsmuster werden ausgenutzt, um wirtschaftlich zu profitieren, wenn der Mensch unter Stress gesetzt wird. Unter Stress entscheiden sich Menschen irrational und eher unüberlegt, vergleichen nicht mehr die Preise, sondern buchen sofort. Sucht man zum Beispiel auf einer Hotelbuchungsseite wie booking.com nach einem Hotel, wird dort oft ein rot hinterlegter Hinweis wie »21 Personen sehen sich das gerade an« angezeigt. Der Betrachter bezieht diese Information unbewusst auf den Zeitraum, für den er ein Hotel sucht, nicht auf das jeweilige Hotel allgemein. Er glaubt, dass sich 21 Personen für eine Buchung im gleichen Zeitraum interessieren, und weiß nicht, dass sie sich unter Umständen für ganz andere Zeiträume dasselbe Hotel ansehen.

Er überträgt den Begriff »ansehen«, den er aus seinem realen Leben kennt, auf die Onlineplattform. Wenn sich 21 Personen in einer Schlange vor einem Kino für denselben Film interessieren, ist es eine komplett andere Aussage als die von booking.com. Weil man aber glaubt, sich schnell entscheiden zu müssen, entsteht Stress. Um den weiter zu erhöhen, werden noch mehr Informationen dargestellt wie »Sehr gefragt! In den letzten 24 Stunden 96 Mal gebucht« oder »Letzte Buchung: vor 5 Minuten«.

Es ist also wichtig zu wissen, dass die eigenen Entscheidungsprozesse für die Umwelt optimiert sind, in der man sich normalerweise bewegt. Für neue Umfelder hingegen muss man neue Strategien und Verhaltensweisen erst erlernen. Dafür reicht Anwendung nicht aus, man braucht tatsächliches Wissen über Digitalisierung und vor allem über unsere Psyche und Physis. Wissen über digitale Technologie bringt da wenig. Außerdem sollte man akzeptieren, dass selbst gute Entscheidungen nicht immer zu den gewünschten Ergebnissen führen. Gute Entscheidungen können und werden auch Misserfolg produzieren. Das gehört zum Leben dazu – auch wenn die digitale Ideologie propagiert, dass alles berechenbar und kontrollierbar wäre, vor allem, wenn man sich streng »digital« verhält. Da Misserfolg und Unsicherheit immer weniger akzeptiert werden, wird man so anfälliger für Mythen, die Erlösung von einem anstrengenden und oft frustrierenden Alltag versprechen: Erlösung vom täglichen Arbeiten, von Perspektivlosigkeit, von Geldsorgen durch das Einrichten eines YouTube-Channels oder das Posten vieler Bilder auf Instagram.

Entscheidungen aber können in einem mathematischen Sinn nicht richtig oder falsch sein, denn dies implizierte, dass es ein vorher richtiges mathematisches

Ergebnis gäbe und dieses auch noch nach der Entscheidung identisch wäre. Das wäre, als ob man dieselbe Situation noch einmal durchleben und dieselbe Entscheidung noch einmal anders treffen könnte, und diese andere Entscheidung würde dann zu dem gewünschten Ergebnis führen. Dies ist aber für das reale Leben nur in sehr begrenztem Maße so, denn dem steht die Dynamik des Lebens entgegen. Entscheidungen wirken auf andere Faktoren ein, die vorher nicht unbedingt »berechenbar« waren. Andere Entscheidungen führen zu anderen Ergebnissen und wirken wiederum auf die Umwelt ein. Daher kann es auch keine »exakte« Ergebnismenge geben, und es gibt auch kein vergleichbares Paralleluniversum (zumindest ist der Beweis dafür noch nicht erbracht), in dem man überprüfen könnte, dass eine andere Wahl zu besseren Ergebnissen geführt hätte.

Für das Treffen von Entscheidungen ist also eine gesunde Frustrationstoleranz wichtig, und man braucht sie in einer komplexen Welt mehr denn je. Frustrationstoleranz ist die Fähigkeit, mit anderen Ergebnissen als den erwarteten umzugehen, ohne dabei die Fassung zu verlieren, ärgerlich zu werden, entmutigt oder deprimiert zu reagieren.[217] So lernt man zu akzeptieren, dass selbst gute Entscheidungen zu frustrierenden Ergebnissen führen können.

Fehlt diese Kompetenz, dann liegt die Lösung nahe, dass man hofft und glaubt, dass einem Anwendungen von Google und Co. den richtigen Weg zeigen werden und deren Algorithmen einen erlösen und auf dem rechten (rationalen) Weg halten. Je stärker sich dann alle exakt und algorithmisch verhalten, umso besser kann

217 Stangl (2018).

wiederum das eigene Verhalten durch digitale Technologie vorhergesagt werden. So wird man immer mehr ein Gefangener der Algorithmen aus dem Silicon Valley.

Algotraz[218] lässt grüßen.

---

218 Der Begriff »Algotraz« ist eine Anspielung auf das ehemalige Hochsicherheitsgefängnis Alcatraz, das auf einer Insel in der Bucht von San Francisco liegt. Auch das Silicon Valley gehört zu der Bucht von San Francisco, sodass aus den Begriffen Algorithmus und »Alcatraz« vom Autor dieses Buches ein neues Wort kreiert wurde.

NO DEUS IN MACHINA – DER MENSCH IST (K)EIN COMPUTER

»Affen machen mehr Gewinne als Investoren«, titelte 2013 Die Welt.[219] Schimpansen übertrumpften laut einer Studie der renommierten Cass Business School in London Fondsmanager bei Anlageentscheidungen. Forscher ließen Affen über einen Zeitraum von 43 Jahren 1.000 Aktien aus 13 verschiedenen Aktienindizes auswählen. Diese wurden dann zu einem Aktiendepot zusammengefügt und mit Fonds und Aktienpaketen von Börsenmaklern und Fondsmanagern verglichen. Die Depots der Primaten hätten besser abgeschnitten als die der Menschen.

Schaut man sich die Studie und die Berichte darüber allerdings genauer an, dann waren es gar keine Affen, die die Aktien ausgewählt haben, und schon gar nicht 43 Jahre lang, vielmehr haben Wissenschaftler einen Computer so programmiert, dass er das Affenhirn simuliert.

An genau dieser Stelle muss digitale Aufklärung ansetzen. Biologische Realität sollte nicht mit virtuellen Experimenten vermengt und diese als identisch betrachtet werden. Es haben eben keine Affen Aktien ausgewählt, sondern ein Computer, auch wenn es so kommuniziert wird. Wie mit dem Computer das Gehirn eines Affen simuliert wird, bleibt in den Berichten über die Studie übrigens unklar.

Immer mehr vermischen sich die Welten. Der Computer als denkendes, kreatives, lernendes und verstehendes Wesen, der Mensch als Computer mit relativ geringer Rechenleistung und Speicherkapazität und verderblicher

219 Eckert/Zschäpitz (18.04.2013).

Hardware. Dieses Weltbild ist das eigentliche Kernproblem, das digitale Religion erst ermöglicht.

»Und Gott schuf den Menschen nach seinem Bilde«, heißt es in der Bibel.[220] Der Mensch ist die Krönung der Schöpfung und Herrscher über die Welt, vor allem dank seiner gottgegebenen und allen anderen Wesen überlegenen Intelligenz und seiner höheren kognitiven Fähigkeiten. Dieser Glaubensgrundsatz bildet in den westlichen Gesellschaften bis heute die Grundlage für das menschliche Handeln gegenüber dem Rest der Natur.

Die göttliche digitale Maschine schafft nun ein neues humanoides Bild: den Androiden. Gott offenbart sich nicht länger im Menschen, sondern in einem Computer, durch den die menschlichen Konflikte und Probleme gelöst werden sollen. Der Mensch wird von seinem eigenen und eigenverantwortlichen Denken und Handeln erlöst, da er dem göttlichen Anspruch der Überlegenheit nicht gerecht geworden ist. Zu viele Konflikte, zu viele Probleme kann er nicht allein lösen, seine begrenzte Rationalität steht ihm im Weg. Also soll nun der Weg frei gemacht werden für die göttliche Maschine. Diese soll die Herrschaft über die Welt übernehmen. Sie wird besser, gerechter und effizienter als der Mensch sein. Die Maschine ist dem Menschen überlegen, so wie dieser den Tieren überlegen ist. Daher will der Mensch der Maschine ähnlich sein: Biologisch ist gut, künstlich ist besser.

Immer seltener wird dieses Bild hinterfragt; wahrscheinlich auch deswegen, weil die Kritiker der digitalen Technologie mit ihren Vorhersagen in Bezug auf die Leistungs- und Entwicklungsmöglichkeiten der Maschine oft danebenlagen. So wurde um die 1970er-Jahre noch

220 1. Moses 1,27.

davon ausgegangen, dass Computer »stockdumm, dafür blind-gehorsam und bienenfleißig«[221] seien und es daher nie »denkende« Computer geben werde. Vielmehr müssten die Maschinen das Wissen vom Menschen einprogrammiert bekommen. Solche Vorhersagen haben sich als falsch erwiesen. Heute bringt sich das KI-Programm AlphaZero von Google Schachstrategien selbst bei und schlägt nicht nur den Menschen, sondern auch das als unschlagbar geltende Weltmeister-Schachprogramm Stockfish – 28 von 100 angesetzten Spielen gewann AlphaZero, 72 Partien endeten unentschieden, verloren hat AlphaZero keine einzige Runde.[222]

Mit dieser und anderen Geschichten wird der Mythos des unterschätzten und verkannten Weltenherrschers bedient und manifestiert. Der neue Herrschaftsanspruch der digitalen Welt und der neuen digitalen Glaubensorganisationen, also von Google, Apple und Co., wird aus dieser Überlegenheit und deren anfänglicher Verkennung abgeleitet. Im Valley in einer Garage geboren, von der Welt als neue Superintelligenz verkannt, die nun aber kommen wird, um den Menschen zu richten, im Jenseits wie im Diesseits, in der Cloud wie auch auf Erden. Und Gott erschuf zuerst Google und aus diesem dann die künstliche Intelligenz. Aus der wirtschaftlichen Wertschöpfung ist heute eine echte Schöpfung von Intelligenz geworden.

Allerdings ist der Mensch zumindest nach heutigem Wissensstand kein Computer und umgekehrt der Computer kein kreatives, fühlendes und lebendes Wesen. Der Mensch macht ihn erst dazu und sich selbst zu den in

221 o. V. (12.02.1979).
222 Witt (13.12.2017).

die Jahre gekommenen Maschinen, die nun ein digitales Upgrade benötigen. Diese Mensch-Maschinen-Analogien sind dabei typisch, denn seit der Mensch die besondere Rolle des Gehirns im Körper erkannt hat, wurde es mit Metaphern beschrieben, die zum jeweiligen Weltbild und zur jeweiligen Technologie passten. Im mechanischen Weltbild funktionierte das Gehirn wie ein Räderwerk, in Zeiten der industriellen Revolution war der Mensch eine Fabrik und das Gehirn die Schaltzentrale, mit der Erfindung des Telefons wurde das menschliche Gehirn als Telefonzentrale veranschaulicht, bei der durch Steckerverbindungen Kommunikationsströme zwischen Nervenknoten (die Telefonapparate) hergestellt wurden, und heute ist das Gehirn eben ein Computer.[223]

Der Trennung von Gehirn und Körper und im übertragenen Sinne in Hard- und Software wird von immer mehr renommierten Wissenschaftlern wie zum Beispiel dem Entwicklungsbiologen Paul Zachary Myers von der Universität Minnesota widersprochen. Vielmehr seien Information und Materie in der Natur eins und untrennbar miteinander verbunden. Myers kritisiert daher, die Informatiker und Entwickler der digitalen Technologie, wie zum Beispiel Raymond Kurzweil, der Leiter der Technischen Entwicklung bei Google und Pionier im Bereich optische Spracherkennung, hätten die Biologie nicht verstanden.[224] Biologische Prozesse seien keine physikalischen.[225] Die Prozesse, die in menschlichen Gehirnen abliefen, könnten auch deswegen bisher nicht von Com-

---

223 o. V. (20.07.1990).
224 Wewetzer (22.02.2011).
225 Beck (2014), S. 178.

putern nachgebildet werden, weil sie aus mathematischer Sicht sehr fehlerhaft und chaotisch seien.

Weder ist bisher die Komplexität des Gehirns auch nur ansatzweise entschlüsselt noch die Frage beantwortet, wie es genau arbeitet. Die Arbeitsweise eines Computers hingegen ist grundsätzlich auch mit der menschlichen begrenzten Rationalität erfassbar, wenngleich man die konkreten Algorithmen nicht immer versteht.

Die Arbeitsweise des Gehirns mit der eines Rechners zu vergleichen erscheint als wenig zielführend. Das Gehirn bzw. das gesamte Nervensystem des Menschen ist, wenn man es als Rechner sieht und dann mit einem Rechner (also dem Computer) vergleicht, schon heute vollkommen unterlegen. Eine Nervenzelle kann maximal 500 Nervenimpulse pro Sekunde erzeugen,[226] heutige Supercomputer erledigen über 50 Billiarden Rechenoperationen pro Sekunde. Der schnellste Rechner der Welt schafft sogar 200 Billiarden Rechenoperationen,[227] und selbst die neueren Smartphones wie das iPhone 8 bringen es schon auf 600 Milliarden Rechenoperationen pro Sekunde. Hinzu kommt, dass hinsichtlich der Übertragung von Nervenimpulsen aus mathematischer Sicht bei der »Informationsvermittlung« zwischen Nervenzellen eine Milliarde Mal so viele Fehler gemacht werden wie bei einem Computer.[228] Der menschliche Körper ist als Rechner schon heute Sondermüll.

Interessanterweise wird aber dennoch weiterhin versucht, die Funktionsweisen des Gehirns im Computer nachzubauen. Nun geht man allerdings einen neuen

226 Ebd.
227 o. V. (10.06.2018).
228 Beck (2014), S. 178.

Weg: Nicht mehr der einzelne Computer soll als Gehirn funktionieren, vielmehr wird das biologische Neuronennetzwerk durch den Aufbau von verteilten und weltweit vernetzten Computern simuliert. Milliarden von Computerknoten, die dann jeweils eine »Nervenzelle« darstellen, werden über die Welt verteilt, und so soll eine Art Superhirn, ein künstliches neuronales Netzwerk entstehen, das in Verbindung mit den Rechenleistungen jedes einzelnen Supercomputers den Menschen in allen Belangen übertrumpfen kann. Die Cloud, also die Verlagerung von immer mehr Informationen der einzelnen Rechner in das weltweit vernetzte Computersystem »Internet«, spielt dabei eine wichtige Rolle, da so immer mehr Informationen durch immer mehr digitale Nervenbahnen zwischen digitalen Nervenzellen (= Computer) laufen und dieses Netzwerk das menschliche Gehirn simuliert.

Und an dieser Stelle schließt sich das Glaubenssystem als Ganzes zusammen und ab. Je mehr man an die Cloud glaubt und davon überzeugt ist, dass die Maschine bessere Ergebnisse produziert als der Mensch, die Welt also berechenbar wäre, umso mehr baut man am eigenen »Gehäuse der Hörigkeit« mit, das durch die religiösen Kommunikations- und Handlungspraktiken der Unternehmen aus dem heiligen Tal hermetisch versiegelt wird.

Weder den Menschen noch andere Lebewesen sollte man als Hard- und Software begreifen. Lebewesen sind keine prinzipiell berechenbaren Systeme, die aus einer Vielzahl von Systemmodulen bestehen. Die Biologie ist fehleranfällig, sie rechnet schlecht und ist in Bezug auf das einzelne Wesen endlich, aber vielleicht gehört genau das zu einer guten Biologie hinzu.

Man sollte sich selbst hinterfragen, inwieweit man seine Realität als »Rechner« begreifen und alles mathematisch und in Formeln fassen will, von Intelligenz über Schönheit bis zum Glück, ja sogar bis zu den eigenen Emotionen. Denn auch Gefühle werden heute schon als affektives Rechnen betrachtet.

Man kann eine Mensch-Maschinen-Analogie verwenden, aber keine Mensch-Maschinen-Ideologie. Man kann digitale Technologien nutzen, sollte aber aufklären, statt zu verklären. Man sollte hinterfragen, ob die Digitalisierung (also die Vermessung und Berechnung der Welt) als höchste und einzige Form der wahren Vernunft tatsächlich ein gesellschaftlich sinnvolles Weltbild darstellt.

Dazu gehört aber auch, dass man die Theorien und wissenschaftlichen Konzepte versteht und darüber hinaus kritisch, also aufgeklärt beurteilen kann. Man müsste heute Philosophie, Geistes- und Naturwissenschaften vereinen und holistischer und kritischer vermitteln, statt diese zu trennen und in immer kleinere Wissenspakete aufzuteilen und singulär zu lehren. Gerade immer spezifischeres Fachwissen ohne breites Allgemeinwissen und ohne Verständnis der Zusammenhänge führt dazu, dass man die digitale Ideologie akzeptiert, ja sogar akzeptieren muss, weil man nichts anderes kennt und nichts anders kann. In dieser Kombination wird sich dann die eine Prophezeiung ganz sicher erfüllen, nämlich die, dass Googles Reich komme und sein Wille geschehe. Wie in der Cloud, so auch auf Erden.

Amen.

LITERATUR

Apple (o. D.): Nettogewinn von Apple Inc. weltweit vom 1. Geschäftsquartal 2005 bis zum 2. Geschäftsquartal 2018 (in Milliarden US-Dollar). Unter: https://de.statista.com/statistik/daten/studie/12803/umfrage/nettogewinn-von-apple-inc-nach-quartalen-seit-2005/ (abgerufen am 19.05.2018)

Apple (o. D.): Umsatz mit Apple iPads weltweit in den Geschäftsjahren 2010 bis 2017 (in Milliarden US-Dollar). Unter: https://de.statista.com/statistik/daten/studie/247242/umfrage/weltweiter-umsatz-mit-apple-ipads/ (abgerufen am 11.07.2018)

AppleInsider (o. D.). Anzahl der im Apple App Store verfügbaren Apps in ausgewählten Monaten von Juli 2008 bis Januar 2017. Unter: https://de.statista.com/statistik/daten/studie/208599/umfrage/anzahl-der-apps-in-den-top-app-stores/ (abgerufen am 16.07.2018)

Beck, H. (2014):
Hirnrissig, München

Belliger, A.; Krieger, D. (2012). Ritualtheorien: Ein einführendes Handbuch, Wiesbaden

Blume, M. (2009): Homo Religiosus. In: Gehirn&Geist, Ausgabe 4/2009, S. 32–41

Boie, J. (12.11.2015): Apple fehlen die Innovationen. Unter: http://www.sueddeutsche.de/digital/ kinofilm-steve-jobs-apple-fehlen-die-innovationen-1.2730305 (abgerufen am 30.03.2018)

Botsman, R./Capelin, L. (2015): Airbnb: Building a revolutionary Travel Company, Oxford

Breitinger, M. (02.06.2016): Hochwasser – Das Problem lässt sich nur mit einer Versicherungspflicht lösen. Unter: https://www.zeit.de/wirtschaft/2016-06/ hochwasser-versicherung-hausbesitzer (abgerufen am 22.09.2018)

Breitinger, M. (21.01.2013): Jedes neue Carsharing-Auto ersetzt zehn private. Unter: http://www.zeit.de/ auto/2013-01/carsharing-verhalten-wettbewerb/ komplettansicht (abgerufen am 17.07.2018)

Brühl, J. (12.12.2014): Polizei-Software soll Verbrechen voraussagen. Unter: https://www.sueddeutsche.de/ digital/ermitteln-mit-predictive-policing-algorithmen-polizei-software-soll-die-zukunft-voraussagen-1.2121942 (abgerufen am 03.11.2018)

Buhse, M. (29.04.2013): Geld ist Glaubenssache. Unter: https://www.zeit.de/wirtschaft/2013-04/religion-wirtschaft-geld-studie (abgerufen am 08.05.2018)

Bülow, R. (2014): Können wir mit dem Zufall rechnen? In: Spektrum der Wissenschaft Spezial, Heft 1/14, S. 58–60

Caracciolo, L. (29.09.2015): Share-Economy: Heilsbringer oder Kapitalismusfalle? Unter: https://t3n.de/magazin/share-economy-heilsbringer-kapitalismusfalle-239044/ (abgerufen am 27.05.2018)

Carr, N. (2010): Wer bin ich, wenn ich online bin ... und was macht mein Gehirn solange? – Wie das Internet unser Denken verändert, München

Chesky, B. (16.07.2014): Belong anywhere. Unter: https://medium.com/@bchesky/belong-anywhere-ccf42702d010 (abgerufen am 12.10.2018)

Czycholl, H. (06.07.2014): Schon ein Foto bei Facebook kann den Job kosten. Unter: https://www.welt.de/finanzen/verbraucher/article129831425/Schon-ein-Foto-bei-Facebook-kann-den-Job-kosten.html (abgerufen am 02.06.2018)

Daniels, A. (16.09.2016): A new new new Thing? Unter: https://medium.com/@arnolddaniels/under-steve-jobs-apples-mission-statement-was-to-make-a-contribution-to-the-world-by-making-tools-eeedcb3ec34a (abgerufen am 12.10.2017)

Davydov, A. (29.01.2018): Der geheime Hass im Netz. Unter: http://www.faz.net/aktuell/politik/inland/rechtsextremismus-bei-facebook-der-geheime-hass-15422614.html (abgerufen am 08.09.2018)

Deininger, B. (09.10.2014): »Vermeintliche Sünden«.
Unter: https://www.zeit.de/2014/40/macht-kirche-
moral-priester-schuldgefuehle/seite-2
(abgerufen am 12.07.2018)

Del Prado, G. M. (02.07.2015): Mark Zuckerberg's vision of
the future is full of artificial intelligence, telepathy, and
virtual reality. Unter: http://www.businessinsider.com/
facebooks-mark-zuckerberg-predictions-about-the-
future-2015-7?IR=T (abgerufen am 30.04.2016)

Dörr, J./Goldschmidt, N. (02.01.2016): Vom Wert des
Teilens. Unter: http://www.faz.net/aktuell/wirtschaft/
share-economy-vom-wert-des-teilens-13990987.htm-
l?printPagedArticle=true#pageIndex_2 (abgerufen am
20.08.2018)

DPA (20.01.2014): Googles Kontaktlinse für Diabetiker.
Unter: https://www.aerztezeitung.de/medizin/
krankheiten/diabetes/article/853384/high-tech-
auge-googles-kontaktlinse-diabetiker.html
(abgerufen am 05.12.2018)

Dülfer, E. (2001): Internationales Management in
unterschiedlichen Kulturbereichen, München, S. 323

Dworschak, M. (22.12.2012): Die Erfinder Gottes. Unter:
http://www.spiegel.de/spiegel/print/d-90254984.html
(abgerufen am 02.02.2017)

Eckert, D./Zschäpitz, H. (18.04.2013): Affen machen mehr Gewinne als Investoren. Unter: https://www.welt.de/ finanzen/article115382089/Affen-machen-mehr-Gewinne-als-Investoren.html (abgerufen am 06.08.2018)

Ellrich, M. (14.01.2015): Infoblatt Silicon Valley. Unter: https://www.klett.de/alias/1038530 (abgerufen am 13.07.2018)

England, L. (28.05.2015): See inside the little red book that is placed on the desk of every Facebook employee. Unter: http://uk.businessinsider.com/ inside-facebooks-little-red-book-2015-5 (abgerufen am 01.04.2018)

EY (29.12.2017): Digitalkonzerne aus den USA und China dominieren Liste der teuersten Konzerne. Unter: https://www.ey.com/ch/de/newsroom/news-releases/ medienmitteilung-ey-marktkapitalisierung-dezember-2017-top-300 (abgerufen am 04.08.2018)

Feloni, R. (17.04.2015). Google's HR Boss Explains Why the Company Can Never Live up to Its Mission Statement, and Doesn't Want to. Unter: http://www.businessinsider.com/laszlo-bock-on-google-mission-statement-2015-4. (abgerufen am 04.11.2018)

Fiedler, M. (22.12.2015): Roboter im Blut. Unter: https://www.tagesspiegel.de/wissen/medizinischer-fortschritt-roboter-im-blut/12751850.html (abgerufen am 05.12.2018)

Fiegermann, S. (31.03.2015): Facebook's glamorous new headquarters will make you hate your cubicle. Unter: https://mashable.com/2015/03/31/facebook-new-headquarters-photos/?europe=true (abgerufen am 12.07.2018)

Freiburg, F. (29.04.2006): Das Geheimnis der blutenden Madonna. Unter: http://www.spiegel.de/panorama/traunstein-das-geheimnis-der-blutenden-madonna-a-413861.html (abgerufen am 12.08.2018)

Fröhlich, C. (20.05.2011): Apple ruft religiöse Gefühle hervor. Unter: https://www.stern.de/digital/homeentertainment/hirnforschung-apple-ruft-religioese-gefuehle-hervor-3585372.html (abgerufen am 08.05.2018)

Fröhlich, T. (06.06.2012): Kai Diekmann, Peter Würtenberger und Martin Sinner starten digitales Research Projekt für Axel Springer im Silicon Valley. Unter: http://www.axelspringer.de/presse/Kai-Diekmann-Peter-Wuertenberger-und-Martin-Sinner-starten-digitales-Research-Projekt-fuer-Axel-Springer-im-Silicon-Valley_6179067.html (abgerufen am 12.04.2018)

Gabler (o. D.): Stichwort »Kybernetik«. Unter: https://wirtschaftslexikon.gabler.de/definition/kybernetik-41182/version-264552 (abgerufen am 20.07.2018)

Garner, D. (07.01.2010): Tune In, Turn On, Turn Page. Unter: https://www.nytimes.com/2010/01/08/books/08book.html (abgerufen am 05.12.2018)

Gast, R. (10.05.2018): Computerspieler wiederlegen Einstein. Unter: https://www.spektrum.de/news/computerspieler-widerlegen-einstein/1564842 (abgerufen am 12.07.2018)

Geyer, M. (25.03.2013): Der Lehrling. Unter: http://www.spiegel.de/spiegel/print/d-91675481.html (abgerufen am 04.04.2017)

Gigerenzer, G./Gaissmaier, W. (2009): Glaub keiner Statistik, die du nicht verstanden hast. In: Gesundheit & Geist, Ausgabe 10/2009, S. 34–39

Gigerenzer, G./Gaissmaier, W. (2011). Heuristic decision making. In: Annual Review of Psychology, 62, S. 451–482

Gigerenzer, G./Gaissmaier, W. (o. D.): Denken und Urteilen unter Unsicherheit: Kognitive Heuristiken. Unter: https://www.psychologie.uni-heidelberg.de/ae/allg/enzykl_denken/Enz_06_Heuristiken.pdf (abgerufen am 03.08.2018)

Greif, B. (02.03.2016): Registrierungsprozess für Google I/O 2016 startet am 8. März. Unter: https://www.zdnet.de/88261772/registrierungsprozess-fuer-google-io-2016-startet-am-8-maerz/ (abgerufen am 02.04.2017)

Grill, M./Hackenbroch, V. (2014): Unsinn in bester Qualität. Unter: http://www.spiegel.de/spiegel/print/d-128239351.html (abgerufen am 19.12.2018)

Grimm, I. (14.10.2016): Nur noch kurz die Welt retten. Unter: http://www.haz.de/Sonntag/Top-Thema/ Nur-noch-kurz-die-Welt-retten-Tech-Milliardaere-mit-Gotteskomplex (abgerufen am 11.07.2018)

Gruber, A./Horcher, J./Reinbold, F. (22.06.2017): Hackerangriff aus dem Bundestag. Unter: http://www.spiegel.de/netzwelt/netzpolitik/ staatstrojaner-hackerangriff-aus-dem-bundestag-a-1153618.html (abgerufen am 22.11.2018)

Grüter, T. (2005): Geburt eines Glaubens. In: Gehirn&Geist, Ausgabe 1–2/2005, S. 54–59

Gutjahr, R. (07.03.2013): Sharing is caring. Unter: https://www.gutjahr.biz/2013/03/sharing-is-caring/ (abgerufen am 25.05.2018)

Habermas, J. (1981): Theorie des kommunikativen Handelns. (Band 1: Handlungsrationalität und gesellschaftliche Rationalisierung, Band 2: Zur Kritik der funktionalistischen Vernunft), Frankfurt am Main

Hamann, G. (08.11.2012): Meine Ex-Ikone. Unter: https://www.zeit.de/2012/46/Apple-Innovation-Zensur (abgerufen am 07.06.2018)

Happel, S. (20.05.2015): Elon Musk Biografie: Furcht und Ehrfurcht vor dem Iron Man. Unter: http://www.wiwo.de/unternehmen/industrie/elon-musk-biografie-furcht-und-ehrfurcht-vor-dem-iron-man/ 11802388.html (abgerufen am 30.04.2016)

Hedemann, F. (15.02.2012): Googleplex: So bunt sieht es bei Google in Mountain View aus. Unter: https://t3n.de/news/googleplex-bunt-sieht-google-366902/ (abgerufen am 03.08.2017)

Heinemann, P. (o. D.): Rationalität? Logik? Weniger ist mehr. Unter: https://www.brandeins.de/corporate-publishing/mck-wissen/mck-wissen-risiko/rationalitaet-logik-weniger-ist-mehr (abgerufen am 03.08.2018)

Heins, V. (1990): Max Weber zur Einführung, Hamburg

Held, N. (17.07.2017): Google-Schule in München eröffnet: Bald auch in Ihrer Nähe? Unter: https://www.chip.de/news/Google-Schule-in-Muenchen-eroeffnet-Und-das-ist-erst-der-Anfang_118897762.html (abgerufen am 04.08.2018)

Hoffmeister, C. (2013): Digitale Geschäftsmodelle richtig einschätzen, München

Hoffmeister, C. (2017): Die MacGoogleisierung als neue Religion. In: Hildebrandt, A./Landhäußer, W. (Hrsg.): CSR und Digitalisierung. Management-Reihe Corporate Social Responsibility, Berlin/Heidelberg

Imbimbo, A. (2009): Steve Jobs: The Brilliant Mind Behind Apple, New York

Jiménez, F. (10.11.2016): So will Mark Zuckerberg alle Krankheiten besiegen. Unter: https://www.welt.de/wissenschaft/plus159267339/So-will-Mark-Zuckerberg-alle-Krankheiten-besiegen.html (abgerufen am 11.07.2018)

Kautzsky, K. (1929); Die materialistische Geschichtsauffassung, Band 1, Berlin

Kirkpatrick, D. (16.05.2012): Mark Zuckerberg, Social Revolutionary. Unter: http://www.forbes.com/sites/techonomy/2012/05/16/mark-zuckerberg-social-revolutionary/#77c4de067704 (abgerufen am 21.05.2018)

Kubiv, H./Stagge, C. (23.08.2012): Apples größte Flops. Unter: https://www.macwelt.de/news/Vorgestellt-Die-besten-Apple-Flops-6504369.html (abgerufen am 05.12.2018)

Larson, N. (09.02.2012): Verlorene Zwillingsschwester gefunden, dank Facebook. Unter: http://www.wz.de/home/panorama/verlorene-zwillingsschwester-gefunden-dank-facebook-1.900160 (abgerufen am 30.06.2018)

Lindner, R. (23.09.2008): Der Parkinson-Gefährdete. Unter: http://www.faz.net/aktuell/wirtschaft/netzwirtschaft/google-gruender-sergey-brin-der-parkinson-gefaehrdete-1694467.html (abgerufen am 10.06.2018)

Lindner, R. (25.08.2012): Samsung muss Apple eine Milliarde Dollar zahlen. Unter: https://www.faz.net/aktuell/wirtschaft/unternehmen/sieg-im-patent-streit-samsung-muss-apple-eine-milliarde-dollar-zahlen-11867639.html (abgerufen am 29.08.2018)

Link, O. (2011): Die Welt lässt sich nicht berechnen. Unter: https://www.brandeins.de/magazine/brand-eins-wirtschaftsmagazin/2011/rechnen/die-welt-laesst-sich-nicht-berechnen (abgerufen am 26.07.2018)

Löh (07.01.2009): Millionen Schiiten geißeln sich. Unter: https://www.focus.de/politik/ausland/aschura-fest-millionen-schiiten-geisseln-sich_aid_360299.html (abgerufen am 15.09.2018)

Löhr, J./Finsterbusch, S./Knop, C. (04.03.2015): Auf Pilgerfahrt ins Silicon Valley. Unter: http://www.faz.net/aktuell/wirtschaft/macht-im-internet/auf-eine-bildungsreise-im-silicon-valley-13461850.html?printPagedArticle=true#pageIndex_2 (abgerufen am 10.10.2017)

Luhmann, N. (2000): Die Religion der Gesellschaft, Berlin

Markoff, J. (2006): What the Dormouse Said: How the Sixties Counterculture Shaped the Personal Computer Industry, London

Martell, D. (26.04.2007): Jobs says Apple customers not into renting music. Unter: https://www.reuters.com/article/us-apple-jobs/jobs-says-apple-customers-not-into-renting-music-idUSN2546496120070426 (abgerufen am 16.09.2018)

Martin, T. (2014): Wahrscheinlichkeit – ein mehrdeutiger Begriff. In: Spektrum der Wissenschaft Spezial, Heft 1/14, S. 12–16

Marx, K. (1999): Das Kapital. Kritik der politischen Ökonomie, Berlin

Medick, V. (02.12.2015): Das 45-Milliarden-Dollar-Versprechen. Unter: http://www.spiegel.de/wirtschaft/unternehmen/mark-zuckerberg-facebook-chef-will-vermoegen-spenden-a-1065578.html (abgerufen am 12.10.2018)

Melville, G. (2014): Innovation aus Verantwortung. In: Mellville, G./Schneidmüller, B./Weinfurter, S. (Hrsg.): Innovationen durch Deuten und Gestalten, Regensburg, S. 337–354

Melville, G./Schneidmüller, B./Weinfurter, S. (2014): Innovationen durch Deuten und Gestalten, Regensburg

Mondzain, M.-J. (1996): Bild, Ikone, Ökonomie. Zu den byzantinischen Wurzeln des zeitgenössischen Imaginären, Zürich/Berlin

Mpfs (2017): JIM 2017: Jugend, Information, (Multi-)Media Basisstudie zum Medienumgang 12- bis 19-Jähriger in Deutschland. Unter: http://www.mpfs.de/fileadmin/files/Studien/JIM/2017/JIM_2017.pdf (abgerufen am 26.07.2018)

Müller, M./Pauly, C./Rosenbach, M./Schmundt, H./Stöcker, C. (22.10.2012): Der Türsteher. In: Der Spiegel, Nr. 43/2012; S. 86–94

Neth, H. (2014): Wenn weniger mehr ist: Das Potenzial einfacher Heuristiken in Controlling und Management Reporting. In: Klein, A./Gräf, J. (Hrsg.): Reporting und Business Intelligence, Freiburg, S. 43–57

Nietzsche, F. (1976): Die Geburt der Tragödie, 9. Auflage Stuttgart

Norenzayan, A. (2015): Big Gods: How Religion Transformed Cooperation and Conflict, Princeton

o. V. (12.02.1979): Schachcomputer: Jahrtausende pro Partie. Unter: http://www.spiegel.de/spiegel/print/d-40351462.html (abgerufen am 12.08.2018)

o. V. (20.07.1990): Der konstruierte Mensch. Unter: https://www.computerwoche.de/a/der-konstruierte-mensch,1146770 (abgerufen am 12.08.2018)

o. V. (21.08.2006): »Milchwunder« versetzt Gläubige in Aufregung. Unter: www.handelsblatt.com/panorama/aus-aller-welt/indien-milchwunder-versetzt-glaeubige-in-aufregung/2695498.html? (abgerufen am 12.08.2018)

o. V. (11.06.2007): Google reicht Klage gegen Microsoft ein. Unter: https://www.welt.de/wirtschaft/article936829/Google-reicht-Klage-gegen-Microsoft-ein.html (abgerufen am 14.03.2018)

o. V. (02.06.2009): Mission statement. Unter: https://www.economist.com/news/2009/06/02/mission-statement (abgerufen am 07.09.2018)

o. V. (29.05.2011): Die Entweltlichung der Kirche. Unter: http://www.faz.net/aktuell/politik/papstbesuch/papst-benedikt-xvi-die-entweltlichung-der-kirche-11370087.html (abgerufen am 27.04.2018)

o. V. (25.09.2011): Die Entweltlichung der Kirche. Unter: http://www.faz.net/aktuell/politik/papstbesuch/papst-benedikt-xvi-die-entweltlichung-der-kirche-11370087.html (abgerufen am 25.06.2018)

o. V. (21.10.2011): Steve Jobs wollte Android von Google vernichten. Unter: https://www.welt.de/wirtschaft/webwelt/article13673599/Steve-Jobs-wollte-Android-von-Google-vernichten.html (abgerufen am 15.07.2018)

o. V. (02.01.2012): Mark Zuckerberg's Letter to Investors: ›The Hacker Way‹. Unter: https://www.wired.com/2012/02/zuck-letter/ (abgerufen am 16.04.2018)

o. V. (16.10.2018): Jeff Bezos: Eines Tages leben
1 Billion Menschen in unserem Sonnensystem. Unter:
https://www.faz.net/aktuell/wirtschaft/diginomics/
amazon-gruender-glaubt-an-weltraumkolonisierung-
15840644.html (abgerufen am 12.12.2018)

o. V. (11.03.2014): Vor 25 Jahren wurde die www-Idee
geboren. Unter: https://www.handelsblatt.com/technik/
vernetzt/world-wide-web-vor-25-jahren-wurde-die-
www-idee-geboren/9600744-all.html
(abgerufen am 12.10.208)

o. V. (13.05.2014): Warum Deutschland zu 20,33 Prozent
Weltmeister wird. Unter: https://www.focus.de/wissen/
experten/tolan/rechnerisch-werden-wir-weltmeister-
warum-jogi-s-jungs-hoechstwahrscheinlich-den-
titel-holen_id_3468024.html (abgerufen am 27.07.2018)

o. V. (05.12.2014): Wozniak: »Die Apple-Garage ist ein
Mythos«. Unter: https://www.bild.de/digital/computer/
apple/garagen-mythos-38853354.bild.html
(abgerufen am 26.04.2018)

o. V. (01.10.2015): Google und Microsoft beenden
Patentstreit. Unter: http://www.spiegel.de/wirtschaft/
unternehmen/google-und-microsoft-beenden-patent-
streit-um-xbox-und-mobiltelefone-a-1055599.html
(abgerufen am 02.06.2017)

o. V. (28.10.2015): Millionäre dank YouTube: Die Ideen
der jungen Reichen. Unter: http://www.manager-maga-
zin.de/fotostrecke/fotostrecke-131368.html
(abgerufen am 30.04.2016)

o. V. (02.12.2015): 45-Milliarden-Dollar-Spende: Was Mark Zuckerberg mit dem Geld wirklich vorhat. Unter: https://www.stern.de/wirtschaft/news/mark-zuckerberg-spendet-45-milliarden-dollar--was-mit-dem-geld-passiert-6585196.html (abgerufen am 05.12.2018)

o. V. (2016): Apple: Fünf Gründungsmythen der Computerfirma im Test. In: Wissen.de eMagazin, Heft 12/2016

o. V. (28.01.2016): Das sind die 50 reichsten Menschen der Welt – und zwei Deutsche sind dabei. Unter: http://www.businessinsider.de/50-reichsten-menschen-der-welt-2016-1 (abgerufen am 16.07.2018)

o. V. (18.03.2016): Fitness-Guru Kayla Itsines (24): Multi-Millionärin dank Instagram. Unter: http://www.bild.de/unterhaltung/leute/fitnesstrainerin/kayla-itsines-ist-47-millionen-dollar-schwer-44984050.bild.html (abgerufen am 20.06.2017)

o. V. (14.04.2016): Berühmt und reich dank Instagram-Posts. Unter: https://www.prosieben.de/tv/taff/video/201610-beruehmt-und-reich-dank-instagram-posts-clip (abgerufen am 16.07.2018)

o. V. (06.06.2016): Elon Musk stellt verrückte Matrix-These auf. Unter: https://www.welt.de/wirtschaft/webwelt/article155985169/Elon-Musk-stellt-verrueckte-Matrix-These-auf.html (abgerufen am 27.05.2018)

o. V. (10.06.2016): Die Unschärferelation (1925–1939). Unter: https://www.br.de/fernsehen/ard-alpha/sendungen/werner-heisenberg/unschaerferelation100.html (abgerufen am 18.08.2018)

o. V. (07.07.2016): Die ungeschminkte Wahrheit. Unter: https://www.gala.de/beauty-fashion/beauty/star-bloggerin-farina-opoku--die-ungeschminkte-wahrheit-20318252.html (abgerufen am 17.08.2018)

o. V. (30.08.2016): Das schenkt Mark Zuckerberg dem Papst. Unter: https://www.welt.de/vermischtes/video157899807/Das-schenkt-Mark-Zuckerberg-dem-Papst.html (abgerufen am 30.10.2017)

o. V. (16.03.2017): Enttarnt: Vorher-nachher in einer Minute. Unter: https://www.stern.de/lifestyle/mode/instagram-und-co--die-tricks-beim-selfie-posen---vorher-nachher-in-einer-minute-7370888.html (abgerufen am 12.07.2018)

o. V. (18.09.2017): Krasse Körper-Veränderung. Bikini-Model zeigt Vorher-Nachher-Bilder von sich. Unter: https://www.mopo.de/news/promi-show/krasse-koerper-veraenderung-bikini-model-zeigt-vorher-nachher-bilder-von-sich-28422400 (abgerufen am 19.07.2018)

o. V. (10.11.2017): Früherer Facebook-Präsident warnt vor sozialen Medien. Unter: https://www.welt.de/newsticker/dpa_nt/infoline_nt/netzwelt/article170490313/Frueherer-Facebook-Praesident-warnt-vor-sozialen-Medien.html (abgerufen am 13.07.2018)

o. V. (14.11.2017): Zuckerberg und Chan spenden Harvard 12 Millionen Dollar zur Vergabe von Stipendien. Unter: https://www.nzz.ch/panorama/zuckerberg-und-chan-spenden-harvard-12-millionen-dollar-zur-vergabe-von-stipendien-ld.1328453 (abgerufen am 06.12.2018)

o. V. (10.06.2018): Summit: Neuer leistungsstärkster Supercomputer steht in den USA. Unter: https://t3n.de/news/summit-supercomputer-usa-1086577/ (abgerufen am 14.07.2018)

o. V. (09.11.2018): YouTube-Star Shirin David (23) – 75.000 Euro für Beauty-OPs! Unter: https://www.bild.de/unterhaltung/leute/leute/youtube-star-shirin-david-75-000-euro-fuer-beauty-ops-58295002.bild.html (abgerufen am 09.11.2018)

o. V. (o. D.): 2011 Forbes 400 Net Worth. Unter: https://www.forbes.com/profile/steve-jobs/ (abgerufen am 16.07.2018)

o. V. (o. D.): The Xerox PARC Visit. Unter: http://web.stanford.edu/dept/SUL/sites/mac/parc.html (abgerufen am 06.12.2018)

Oberhuber, N. (19.07.2016): Gutes Teilen, schlechtes Teilen. Unter: https://www.zeit.de/wirtschaft/2016-07/sharing-economy-teilen-tauschen-airbnb-uber-trend (abgerufen am 13.11.2018)

OECD (2013): Die OECD in Zahlen und Fakten 2015–2016. Wirtschaft, Umwelt, Gesellschaft. Unter: http://dx.doi.org/10.1787/factbook-2015-de (abgerufen am 17.07.2018)

Orenstein, D. (28.04.2011): Google grew from Stanford engineering, and the relationship continues to provide answers to tough problems.
Unter: https://news.stanford.edu/news/2011/april/google-stanford-ties-042811.html
(abgerufen am 12.05.2018)

Pisot, S. (o. D.): Schaulust und Seelenheil: Altarretabel und Andachtsbilder von Meister Bertram bis Hans Holbein d. Ä. Unter: https://freunde-der-kunsthalle.de/freunde/seminare-und-vortraege/2611/ (abgerufen am 12.12.2018)

Poel, A./Petering, E. (25.06.2016): Weltmacht Google. Unter: https://www.zdf.de/verbraucher/wiso/wiso-doku-weltmacht-google-102.html (abgerufen am 19.09.2018)

Räth, G. (27.03.2013): Die Google-Geschichte. Unter: https://www.gruenderszene.de/allgemein/google-geschichte-video (abgerufen am 18.12.2018)

Räwel, J. (16.07.2006): Information und Quantenphysik. Unter: https://www.heise.de/tp/features/Information-und-Quantenphysik-3406985.html (abgerufen am 12.10.2017)

Reuter, M. (07.02.2018): Innere Sicherheit im Koalitionsvertrag: Mehr Polizei, mehr Überwachung, mehr Datenaustausch. Unter: https://netzpolitik.org/2018/innere-sicherheit-im-koalitionsvertrag-mehr-polizei-mehr-ueberwachung-mehr-datenaustausch/ (abgerufen am 25.07.2018)

Rinke, F. (16.02.2015): Neunjähriger verdient mit YouTube Millionen. Unter: https://rp-online.de/digitales/internet/youtube-neunjaehriger-wurde-mit-videos-zum-millionaer_aid-9575533 (abgerufen am 12.06.2018)

Roth, A. (27.09.2016): Endlich volljährig. Unter: http://www.spiegel.de/netzwelt/web/google-feiert-18-geburtstag-endlich-volljaehrig-a-1114065.html (abgerufen am 20.09.2017)

Sandoval, G. (19.06.2018): Google trainiert Maschinen darauf, euren Tod vorherzusagen. Unter: https://www.businessinsider.de/google-ki-tod-vorhersagen-2018-6 (abgerufen am 07.08.2018)

Santen, M. (2016): Grüner Klicken, Hamburg

Schäfers, B. (13.01.2016): Wie Google & Co das Leben verlängern wollen. Unter: https://www.deutschlandfunk.de/den-tod-besiegen-wie-google-co-das-leben-verlaengern-wollen.2540.de.html?dram:article_id=341686 (abgerufen am 14.08.2018)

Schmieder, J. (30.11.2013): Genies in der Garage. Unter: http://www.sueddeutsche.de/wirtschaft/apple-genies-in-der-garage-1.1832029 (abgerufen am 12.10.2018)

Schnädelbach, H. (05.10.1984): Kritik der reinen Vernunft. Unter: https://www.zeit.de/1984/41/kritik-der-reinen-vernunft (abgerufen am 06.07.2018)

Schüle, C. (01.10.2008): Die Mythen der Bibel (VI): David gegen Goliath. In: National Geographic, Heft 4/2008

Schüle, C. (04.12.2012): Warum wir glauben müssen. Unter: https://www.zeit.de/zeit-wissen/2013/01/Glaube-Religion-Psychologie (abgerufen am 10.02.2018)

Schulz, S. (28.11.2017): Gefeuert wegen Facebook: 7 mega-peinliche Job-Fails. Unter: https://www.chip.de/news/Gefeuert-wegen-Facebook-7-mega-peinliche-Job-Fails_93047807.html (abgerufen am 05.12.2018)

Seibt, P. (09.02.2017): Und Einstein hatte doch nicht recht. Unter: http://www.spiegel.de/wissenschaft/natur/albert-einstein-und-die-quantentheorie-wo-das-genie-falsch-lag-a-1133669.html (abgerufen am 10.03.2018)

Seiderer, S. (14.06.2010): So gefährlich ist unser Alltagsleben. Unter: https://www.welt.de/gesundheit/psychologie/article8016395/So-gefaehrlich-ist-unser-Alltagsleben.html (abgerufen am 27.07.2018)

Sell, D. (07.01.2013): Ikonen – Fenster zum Himmel. Unter: https://www.landeskirche-hannovers.de/evlka-de/presse-und-medien/frontnews/2013/01/08 (abgerufen am 12.07.2019)

SID (18.05.2018): Deutschland bleibt Weltmeister! Super-Computer errechnet Titelverteidigung in Russland. Unter: https://www.ksta.de/sport/fussball-wm/deutschland-bleibt-weltmeister--super-computer-errechnet-titelverteidigung-in-russland-30427030# (abgerufen am 27.07.2018)

Singer, T. (26.06.2018): Drei Apple-Produkte, die Steve Jobs niemals wollte. Unter: https://www.gq-magazin.de/auto-technik/computer-gadgets/steve-jobs-irrtuemer (abgerufen am 11.07.2018)

Sokolov, D. A. (11.06.2017): Tim Cook: Bei Apple fand ich den Sinn des Lebens. Unter: https://www.heise.de/mac-and-i/meldung/Tim-Cook-Bei-Apple-fand-ich-den-Sinn-des-Lebens-3740314.html (abgerufen am 05.06.2018)

Spitzer, M. (2012): Digitale Demenz, München

Spohr, F. (13.08.2016): Der Tempel der Tech-Gurus. Unter: http://www.handelsblatt.com/my/panorama/aus-aller-welt/kainchi-dham-im-himalaya-der-tempel-der-tech-gurus/13994958.html (abgerufen am 09.07.2018)

Stangl, W. (2018). Stichwort »Frustrationstoleranz«.
Unter: http://lexikon.stangl.eu/2149/frustrationstoleranz/
(abgerufen am 03.08.2018)

Stigler, S. (o. D.): Hintergrund: Max Planck und die
Quantenphysik. Unter: https://www.planet-schule.de/
wissenspool/meilensteine-der-naturwissenschaft-
und-technik/inhalt/hintergrund/physik/max-planck-
und-die-quantenphysik.html (abgerufen am 01.08.2018)

Stone, M. (07.05.2015): Inside Facebook's annual Game
Day, where people dress up in bright colors to play silly
team games. Unter: https://www.businessinsider.com/
hundreds-of-facebookers-dressed-up-and-played-gams-
2015-5?IR=T (abgerufen am 04.10.2018)

Swidler, L. (1999): The Intimate Intertwining of Business,
Religion and Dialogue. In: Fritsch-Oppermann, S. (Hrsg.):
Religionen und Wirtschaftsethik – Wirtschaftsethik in
den Religionen. Der Einfluss von Christentum, Judentum
und Islam auf die Konzeption moderner wirtschafts-
ethischer Entwürfe: Ein länderübergreifender Vergleich,
Rehburg-Loccum, S. 22–36

TK (o. D.). Größte Stressfaktoren in Deutschland nach
Geschlecht im Jahr 2016. Unter: statista.com/statistik/
daten/studie/282578/umfrage/umfrage-zu-den-groessten-
stressfaktoren-im-alltag-nach-geschlecht/
(abgerufen am 26.07.2018)

Vaas, R./Blume, M. (2009): Gott, Gene und Gehirn.
Warum Glaube nützt. Die Evolution der Religiosität,
Stuttgart

Valensise, L. (11.09.2013): 71-Jähriger findet Tochter auf Facebook wieder. Unter: http://www.welt.de/vermischtes/article119929499/71-Jaehriger-findet-Tochter-auf-Facebook-wieder.html.
(abgerufen am 21.03.2018)

van Reijen, Willem (1990): Die Aushöhlung der abendländischen Kultur. In: Detlef Horster (Hrsg.): Habermas zur Einführung, Hamburg, S. 76–96

von Au, C. (20.01.2017): Warum Wetter-Apps oft falsch liegen. Unter: https://www.sueddeutsche.de/digital/wetter-apps-warum-wetter-apps-oft-falsch-liegen-1.3238872 (abgerufen am 20.07.2018)

Vowinkel, H. (14.05.2013): Angelina Jolie in ihrer mutigsten Rolle. Unter: https://www.welt.de/vermischtes/article116170641/Angelina-Jolie-in-ihrer-mutigsten-Rolle.html (abgerufen am 12.12.2018)

Weber, M. (1980): Wirtschaft und Gesellschaft. Grundriß der verstehenden Soziologie, Tübingen

Weber, M. (1988): Gesammelte Aufsätze zur Religionssoziologie I, 9. Auflage, Tübingen

Wewetzer, H. (22.02.2011): Noch 34 Jahre bis zur Unsterblichkeit. Unter: https://www.tagesspiegel.de/wissen/zukunftsvision-noch-34-jahre-bis-zur-unsterblichkeit/3868286.html (abgerufen am 12.08.2018)

Wiedemann, C. (12.07.2015): Bring mir den Kopf von Raymond Kurzweil. Unter: https://www.faz.net/aktuell/feuilleton/transhumanismus-bring-mir-den-kopf-von-raymond-kurzweil-13696362.html (abgerufen am 07.09.2018)

Wikipedia (o. D.): Stichwort »Googol«. Unter: https://de.wikipedia.org/wiki/Googol (abgerufen am 20.03.2018)

Wikimedia (o. D.): Wikipedia Statistics German. Unter: https://stats.wikimedia.org/EN/TablesWikipediaDE.htm (abgerufen am 12.07.2018)

Witt, C. (13.12.2017): Künstliche Intelligenz beendet menschliche Dominanz. Unter: https://www.welt.de/sport/article171541557/Kuenstliche-Intelligenz-beendet-menschliche-Dominanz.html (abgerufen am 18.08.2018)

Wolf, G. (02.01.1996): Steve Jobs; The Next Insanely Great Thing. Unter: https://www.wired.com/1996/02/jobs-2/ (abgerufen am 20.10.2018)

Zeilinger, A. (23.09.2013): »Information ist der Urstoff des Universums". Unter: http://sciencev2.orf.at/stories/1725331/index.html (abgerufen am 17.05.2018)

Zuckerberg, M. (01.12.2015): A letter to our daughter. Unter: https://www.facebook.com/notes/mark-zuckerberg/a-letter-to-our-daughter/10153375081581634/ (abgerufen am 02.10.2017)